JN101326

いのちの原点
「ウマイ」

シベリア狩猟民文化の生命観

荻原眞子

藤原書店

はじめに――いのちの原点「ウマイ」を考える

タイガでの越冬地の跡には、墓だけが残された。そこには、故人の持ち物である肩橇《かたぞり》、衣服、食器など、人があの世の生活で必要とするものがすべて置かれていた。歯が生える前の乳児は、スギの樹の人の胸の高さほどの洞《ほら》に葬った。赤ん坊のいる穴は、木の破片で塞ぎ、ハンノキの枝で縛った。古木の幹にぱっくりと開いた穴――ふたが倒れた後には遺体は残っていなかった――は、子どもの死亡率が高かったことの証である。いくつかの家族では十人以上の子どものうち、育ったのは数人、もしくは誰も生き残らなかったことさえあった。

これは西シベリアのエニセイ川下流地域の民族ケートの調査研究に生涯を捧げたE・アレクセーエンコ（一九三〇―二〇一六）がその著書『ケートの神話・伝説』（二〇〇一、拙訳）の解説に記した言葉である。

シベリアは寒冷な大地である。もう久しく以前のことであるが、早春二月のころ、モスクワから帰途シベリア鉄道で一週間の旅をしたことがある。雪原の遠くには、黒々とどこまでも針葉樹林が拡がっていたように思う。車窓からみえるその冬景色のなかに、人の生活を想像することは決してロマンだけではない。その雪原のなかに、多くの民族がそれぞれの生活を生きてきたのだということを想い浮かべた。そこはまた数万年もの遙か遠い昔から、氷河期をのりこえて、人類が移動拡散しながら、命をつないできた大地であることに思いを馳せると、人が「生きてきた」ということは、生やさしいことではなかったと思う。

シベリア鉄道の旅で、駅の停車時間に外へ出てみる。太陽は真っ青な空に眩しい。いくばくもなく、冷気が毛皮のコートからしみ込んでくる。氷河期にはそんな寒さがどれほど続いたのであろうか。幼い生命はどう人生を迎えることができたのだろうか。人類史の長い道のりのなかで、人は出産をどのようにのり越え、生まれた赤児の生命を守り育ててきたであろうか、と考える。

シベリアの諸民族のもとでも、生命の保全を願って涙ぐましい努力が払われてきた。それは人の心性として私たちの心を打つ。出産や育児にまつわるさまざまな習俗習慣には、この日本にも共通する観念や習俗があるし、また、あった。そして、生命を守り育み繋いでいこうとする営みは、人類ばかりでない、この地上のあらゆる生きものに共通する普遍的な摂理ではある。

図１　雪原をトナカイ橇で行く（写真提供：吉田睦氏）

書物の紙の上をはい回るこの微細な虫にも生のサイクルがあろう。陸海の大小さまざまなあらゆる鳥獣にも、昆虫にも、ひたむきな生の営みがあることを、今の私たちはテレビなどの映像で知っている。草花や木々にも巧みな生の戦略が秘められている。

人の生命についていえば、今日の日本では医療制度によって、母となる女性は、懐妊から出産にいたるまで、そして新生児には小学生になるまで、予防接種などの手厚い健康管理・保護がなされている。このことは地球上のすべての地域で一般的であるとはいえない。戦乱地域だけでなく、干ばつなどの天災に見舞われた地域はいうに及ばず、経済的な貧困地域など、生まれた子どもが無事に育てられないか、育たない情況や環境は世界に少なくない。

ユニセフ（国連児童基金）の資料（二〇一八年）によれば、生後二八日未満で死亡した乳児の割合は、一〇

○○人当り日本○・九人、アイスランド一・○人、シンガポール一・一人、……最悪はパキスタン四五・六人、中央アフリカ四二・三人、アフガニスタン四○・○人。最悪の一○カ国中八カ国が、貧困や紛争の渦中にあるサハラ砂漠以南のアフリカである。世界全体では、死亡した新生児が年間二六○万人に上り、約一○○万人が生まれた日に死亡している。その原因の八割以上が、早産や出産時の合併症、肺炎などの感染症で、助産師がいて清潔な水や消毒剤などがあれば助かることが多いという（Nikkei com. 二〇一八年九月七日）。

新型コロナウイルスが地球世界を席捲した今、また幼い生命は苛酷な情況におかれていることは想像に難くない。

本書は生命をめぐる思索の旅である。その手がかりは、ユーラシア、特にシベリアの民族学研究で蓄積されてきた知見である。まず、シベリア諸民族の人びとが生まれくる生命をいかに守り育んできたのか、それを支えてきた観念や習俗がどのようであったのか、「生命」をどのように観じていたのかを辿ってみる。人間や動物の生と死から、人は生命の実体を見、やがてそこにいわゆる霊魂を介在させて生命を解することにもなる。現代の私たちもまた、現実の生命とともに観念・こころのなかの生命を持ちつづけている。

生まれた子どもの生命は危ういものであったから、人はそれを脅かす悪霊を恐れた。悪霊は死神である。それに取り憑かれないように前近代の人びとは様々な手段を講じた。『紫式部日記』にも涙ぐましい努力の様子が描かれている。生まれていくばくも無くはかなくなった嬰児の遺体が、鳥のように装われて樹上に葬られるという例が、アムールランド（アムール河サハリン地域）で知られている。子どもの霊魂の「鳥」は、山上にある生命の樹の枝に憩う。そして、生まれくる子どもの生命は、そこから地上の樹梢の巣に宿り、やがて母親となる女性に生まれるという。一方、鳥は死霊と結びついている。日本では古墳に立てられた鳥の造形が明らかにされており、また天翔る鳥に、死者を想う観念が古代にあった。

他方、韓国には、柱上に鳥の造形を頂く鳥竿があり、その類例はシベリアにも見られ、殊にシャマンと結びついている。それだけでなく、鳥はシベリアの諸民族文化のなかにさまざまに登場する。また、古くに遡るなら、南ヨーロッパのラスコー洞窟遺跡にある鳥頭の人物らしき像とその側らの鳥竿が想起される。この後期旧石器時代の図像とシベリア・韓国の鳥竿とを比較することには飛躍があるのは無論のことである。が、鳥は人類史の始原にも何か格別の意味合いがあったに違いない。シベリアに限らず、鳥は人びとの生活に深くかかわり、神話・儀礼などに多様に反映されている。

「ウマイ」とは、南シベリアを中心として、ユーラシアの東西の諸民族に広く共通する生命の母神のことである。古くには、後期旧石器時代の洞窟絵画にみられる女陰がある。一方、南シベリアのアルタイ・サヤン山脈地域の諸民族には出産と子どもを守護するウマイの信仰習俗がある。ウマイの原義は母胎や後産などの意で、正に生命の誕生に関わっている。そして、ウマイという語は南シベリアを中心に、西は中央ユーラシア、東は内モンゴル、中国東北部にまで共通に認められる。

さらに、アムールランドの諸民族では、ウマイに類する語は鳥の巣を意味する。こうしてみると、後期旧石器時代の洞窟絵画の女陰図像とウマイの間に通ずる脈絡を想定してみたくなる。

一方、ウマイが典型的でしかも集中的に認められる南シベリアでは、古来狩猟が主要な生業であったし、それは近年までも続けられてきている。南シベリア、すなわち、アルタイ・サヤン山脈地域の自然と動植物の豊かな山々は、狩猟民にとって獲物の恵みをもたらす主《ぬし》であり、また、その山々は人間の生命をも宿す母胎ウマイであった。

このようなアルタイの山岳崇拝の依って来たった処に想起されるのは、またしても、南ヨーロッパの後期旧石器時代の洞窟絵画にみられる多くの動物像と特異な図像である。それには大地の胎内に宿されている獲物を求める狩人たちの願望が込められているように思われる。

最終氷河期に、驚くべきことには、人類はユーラシアの各地に拡散して生活を築いていた。シベリアでは、南シベリアをはじめ各地に後期旧石器時代の遺跡がある。その人跡は四万年ほど前にこの日本列島にも及んでいる。シベリアの特異な後期旧石器文化はアムールランドから北海道に波及していることが知られている。それはマンモスなどの獲物を追い求めて移動してきた狩猟民の証とみられている。

日本では山の神をめぐって多くの議論がなされてきている。

その論点は多岐にわたるが、かつて柳田国男が問うた「なにゆえに山の神が女であったのか」という疑問には、解明の緒が見いだされてこなかった。山の神が女であるという観念は、日本の山岳信仰のなかの深層にも認められる。

生命の在りようをシベリア諸民族文化に辿る試みは、人類史の黎明にあたる後期旧石器文化に及ぶ。先史考古学の証左からいえば、シベリアに拡散した人びとは、洞窟に生活していた先人たちの思考や観念を持ちつづけていたに違いない。それは大地・山が獲物となる生命を胚胎する母胎であり、狩人に獲物を下賜する主であるという深淵な観念といえよう。山が生命を胚胎する母性・ウマイであるという観念と、山を獲物の主とする観念とは軌を一にして、その淵源は、南ヨーロッパの後期旧石器時代の洞窟絵画に見いだすことができよう。

そして、この山の観念こそが、この日本列島の文化の古層に横たわっているものと想定される。狩猟を生活の糧とする狩人たちにとって、言い換えれば、狩猟民文化のなかで、山は獲物の生命を宿す母性、女神であったはずである。日本では、山の女神は稲作文化の拡張で「田の神」が山へ上ってくるまで、健在だったに違いない……。

生命を考える――それは今を生きる私たちの生命が、数万年来の人びとの脈々たる人生につながっていることに想いを馳せることになる。

いのちの原点「ウマイ」

目次

はじめに――いのちの原点「ウマイ」を考える　1

序章　シベリア――大地・民族・言語・文化　17

一　シベリアの大地　17
二　シベリアの植民地化　22
三　ロシア帝国における学術探検　23
四　シベリアの民族学研究　26
五　シベリア諸民族の言語　28
六　シベリア諸民族社会の生業――狩猟民文化（狩猟・漁撈・採集）　33

I　生命の民族誌　39

第一章　シベリア諸民族の生命観　41

一　「生きている」ということについて　41
二　病気・死をもたらす「悪霊」　46
三　シベリア諸民族の精神世界　52

第二章　生命を授かる　54
一　アイヌでは　55
二　北東シベリアの諸民族では　59
三　トゥングース語系諸族の霊魂観　60
四　南シベリアの諸民族では　68
五　西シベリアの諸民族では　70

第三章　はかなき生命　73
一　産屋のこと　73
二　生命を脅かすもの　75
三　命を脅かすもの――物怪　80
四　悪霊を回避する　85
五　悪霊を陽動する――命名・汚穢な名など　86
六　子どもの死　89

第四章　霊魂の鳥（1）――樹上葬　91
一　嬰児の樹上葬　91

二　霊魂の樹　96
三　樹上葬の問題　100
第五章　霊魂の鳥（2）——鳥竿　104
一　チャンスンとソッテ　104
二　鳥竿とシャマンの補助霊　108
三　ラスコー洞窟の鳥人と倭建命の間　112
四　死霊の鳥　116

II　山の主《ぬし》・ウマイ母神　121

第一章　アルタイの山岳崇拝　123
一　山の神　123
二　シベリアの狩猟民文化——狩猟漁撈採集　126
三　アルタイ山岳崇拝——狩猟領域としての聖山　130
四　女性に課せられたタブー　134
五　山岳崇拝と山の主　137

六　アルタイの主・生命を宿す山　140

第二章　山・ウマイ母神　144

一　洞窟絵画のもう一つの図像　144
二　シベリア諸民族のウマイ　147
（1）「母胎、後産など」としての umaj—ome—uma について　148
（2）出産・子どもの守護神としてのウマイ　149
（3）カルタシュとプゴ（ホ）ス　153
三　ウマイと鳥・樹木　154
四　山で生命を授かる　158
五　天神になったウマイとカルタシュ・プゴ（ホ）ス　162
六　山にある生命と樹梢に宿る生命　165

第三章　日本の山の神　167

一　山の神と木樵・狩人　167
二　山の神の話　170
三　山の神——産の神　172
四　山の神は女神？　175

第四章　シベリアの狩猟民世界——山の主《ぬし》とウマイ　177
一　山の主は獲物の配剤者　177
二　山は生命の母胎・ウマイ　182
三　ウマイ——後期旧石器時代の洞窟絵画　186
終　章　ウマイ母神——ユーラシア最古層の狩猟民文化　191
一　人類の拡散——シベリアの後期旧石器文化　191
二　日本の後期旧石器文化——氷河期の狩猟民文化　198
三　生命の山——ウマイ母神　202
おしまいに　209
注　226
参考文献　239
図表一覧　240
索引（人名／主要民族名／主要地名）　248

いのちの原点「ウマイ」

シベリア狩猟民文化の生命観

凡例

一、引用文献の出典については（1）（2）…を附し、巻末に「注」としてまとめて示した。

なお、各引用文献の詳細な書誌情報については、巻末の「参考文献」を参照して頂きたい。

一、引用文中の原書（原著者）における補足は（　）で示した。

一、引用文中の著者（引用者）による補足は〔　〕で示した。

一、ロシア語文献からの引用は、特記ないものについては、拙訳である。

一、図表については、図、表それぞれに通し番号を附し、巻末に「図表一覧」を示した。

序章　シベリア——大地・民族・言語・文化

一　シベリアの大地

世界地図を拡げてみよう。日本列島の北方から遙か西の大地は今日ロシア連邦である。日本を飛び発つと、飛行機は日本海を後に北の空を飛び続け、やがて低い山並み、ウラル山脈を越えていく。そこまでがシベリアで、ウラル山脈の向こうはヨーロッパである。上空からみえるシベリアの大地には河川が網の目のように拡がり、やがて大きな河が目に入る。ウラル山脈の手前の大河はオビ河、それより手前はエニセイ河、もっとこちらに近いところはレナ河である。それはまるで大きな布を晒しているかのように大地に横たわって陽に耀いている。そのもっと

チュコト半島
北 極 海
東シベリア海
チュクチ
ベーリング海
ラプテフ海
タイムィル半島
ン
ガン
サハ(ヤクート)
エヴェン
カムチャトカ半島
コリャク
レナ川
ェンキ
エヴェンキ
オホーツク海
ニヴフ、ウイルタ
シベリア
サハリン
アムール川
ネギダル、ウリチ、
オロチ、ナーナイ、
ウデゲ
アイヌ
ヤルスク
ヤン山脈
ブリヤト
ブリヤト
バイカル湖
ルタイ、ハカス、
ヨル、トゥバ
中国
ウラジオストク
日本海
内モンゴル自治区
モンゴル

図２　シベリアの民族分布の概略

手前、日本列島に近いところはアムール河である。オビ、エニセイ、レナの大河はシベリア南部の高山アルタイ・サヤン山脈の辺りを源流に北へ流れ下り、遠く北極海に開口している。アムール河はモンゴルの東部からロシア東南部と中国東北部の川を集めて東へ流れて中国とロシアの国境をなし、やがて大河となって北へ流れ下り、オホーツク海に注ぎ込んでいる。中国では黒竜江という。シベリアとは東は太平洋沿岸から西はウラル山脈まで、南はモンゴル、中央ユーラシア（アジア）から北は北極海沿岸までの地域をいう（図2）。

広大な大地にはいくつかの植物帯が区別されている。図式的には北から南へ、永久凍土地帯（ツンドラ）→針葉樹林帯（タイガ）→草原（ステップ）というように区別されるが、場所によりさまざまな混合・移行形態がある。

永久凍土地帯では一年の大半の気温が零度以下で大地が凍結した状態であるが、夏の数カ月は気温が上がって表層部が融解して、草花が生え蝶や昆虫などが群舞する。永久凍土地帯の南には疎林などが生える混合地帯、森林ツンドラと呼ばれる地域が拡がる。北極海沿岸からこの地域は北極圏（北緯六六度三三分以北）であり、冬の数カ月は太陽の出ない極夜、夏は太陽が沈まない白夜となる。森林ツンドラの辺りでは大規模なトナカイ遊牧が行われてきている。トナカイ遊牧はシベリアだけでなく、西はスカンディナビア半島からヨーロッパロシアの北方にも及んでいる。トナカイは冬を内陸の森林で過ごし、夏に向けて牧民は群を北極海側へ移動させ

図３　トナカイの移動
（『ナショナル・ジオグラフィック』2017年10月号）

る。それは森林地帯の虻蚊の猛威から逃れることでもある。この季節的な移動はトナカイの自然界での習性でもあった（図３）。

氷河期からの永久凍土層は数百メートルの深さにもなるというが、殊に、二〇世紀後半からは地球温暖化によって、その凍土層が急激な勢いで融けて崩落し、そこからは氷河時代のマンモスなどが露出している。それだけでなく、北極海の氷山が崩れて浮遊するなど、北極海を取り囲むシベリア、アラスカ、カナダ、グリーンランドなどでは、人間の生活ばかりでなくシロクマなど動物の生態系に深刻な憂うべき状況が生じている。

植物帯についていえば、永久凍土地帯、森林ツンドラ地帯より南は針葉樹林帯である。この松、樅、とうひ、からまつなどから成る樹林帯はヨーロッパ中部からシベリア、北米にまで続く。その南は森が疎らになる草原、すなわち、森林ステップという比較的温暖な気候帯になり、豊かな動植物界のなかで人間の営みが展開されてきた。シベリアのさらに南には草原（ステップ）地帯が拡がり、牧畜や農耕などが営まれてきた。また、そこは古代から遊牧騎馬民族の歴史舞台でもある。ステップは広範囲に及び、南シベリアの山岳地帯の裾野は草原におおわれている。シベリアは概して寒冷な地域ではあるが、南北、東西地域ばかりでなく、地域によって気候や自然環境は多様に異なる。

二　シベリアの植民地化

今日のシベリアの民族分布図をみると、その全域にロシア人やウクライナ人、ベロルシア人などが居住していることが歴然としており、原住民族の影は朧気である。古くに遡ると一六世紀ころまで、シベリアはそうしたヨーロッパ人には未踏の地であった。西欧諸国が競って世界の海に乗りだして、各地で異民族に遭遇して植民地化を図った時代より一世紀ほど遅れ、シベリアの植民地化がはじまったのは一六〇〇年代であった。ヨーロッパロシアからウラル山脈を越えてシベリアの大地を東へ東へと進出した進取の気性に富んだコサックたちは、各地で原住民を武力で征服して、植民地化を推し進めた。コサックとは古く一五世紀後半からロシアの農村から逃れた農民からなる集団で、南ロシアやウクライナでは次第に独自の進展を遂げたいわば屯田兵である。歌にあるステンカ・ラージンやプガチョフは農民反乱を主導したコサックである。ロシア人、ウクライナ人、ベロルシア人などからなる戦士集団として、征服者であるコサックたちはシベリア各地の都市や島などにその名を留めている。日本に近い都市ハバロフスクもまた、一六〇〇年代半ばに太平洋岸へ進出してきたコサック隊長ハバーロフの名に因んでいる。

シベリアの財宝は何よりも豊富な動物の毛皮にあった。ロシアはキリスト教(ギリシャ正教)の布教のかたわら、原住民にヤサクという毛皮税を課した。これは貂《てん》、狐、ビーバーなどの毛皮などによる人頭税で、その制度は後には金納とはなったが、二〇世紀初めまであった。わずか一〇〇年ほどでコサックたちはシベリアを踏破して、一六九九年にはユーラシア大陸の最東端、日本から北に位置するカムチャトカ半島にまで達し、それによってシベリアはロシア帝国の版図に組み込まれたことになる。

三　ロシア帝国における学術探検

このようなシベリア征服に次いで、数多くの遠征探検隊が各地に派遣され、地理学、海洋学、博物学はもとより、原住民についての民族学的な調査と資料蒐集がなされた。そこで主要な役割を担った機関として一八―一九世紀初にはロシア帝国科学アカデミーとロシア地理学協会がある。ロシア帝国科学アカデミー（今日のロシア科学アカデミー）は皇帝ピョートル一世（一六八二―一七二五）によって構想され、創設はその死の一七二五年である。ロシア地理学協会の創設は一八四五年のことで、これを推進したのはそれまでに国内外の遠征探検にたずさわった航海者、科学アカデミーの学者、軍人や若手の学者など、異なる領域の先駆的な錚々たる人びとであった。この協会はロシア皇帝の支持と財政的な支援のもとにあり、シベリアばかりでなく帝国の各地に支部が設けられて、学術研究や資料の収集・出版など盛んな活動が展開された。日本に近いところでは、ウラジオストクに支部が設けられ、ロシア極東地域の研究の拠点となった。

科学アカデミーの主導のもとでは、いくつもの調査探検が敢行され、ロシアの学術史上一八世紀は「大探検の世紀」とも呼ばれている。その一つは北極海沿岸を経てヨーロッパロシアからアメリカ、日本への航路開拓を目的とする二度にわたる「カムチャトカ探険隊」（一七二五―三〇／一七三三―四二）で、その隊長はオランダ人V・ベーリング（一六八一―一七四一）であった。ベーリングは二度目の探険でユーラシアとアメリカとが陸続きではないことを明らかにした（一七三三年）。「ベーリング海峡」の由縁である。

ロシアでの大がかりな学術探検チームが各地に派遣され、それに加わったメンバーによって多くの重要な成果がもたらされた。例えば、ベーリング探険隊の一員であった若いS・クラシェニンニコフは一七三七―四一年にカムチャトカ半島の自然や住民の調査を行い、その成果として『カムチャトカ地誌』（一七五五）を著した。また、I・G・ゲオルギの浩瀚な『ロシア帝国全民族誌』（三巻、一七七六―七七）の正式なタイトルは「ロシア国に居住する全民族、及びその生活儀礼、信仰、習俗、住居、衣服、その他の記録」というものであり、これはドイツ語の四巻本として出版され、ほどなくしてその内の三巻がロシア語とフランス語に訳された。著者ゲオルギは一七六八―七四年に実施された大規模な調査探検に参加しているが、この本の序文には次のように記されている。「ロシア国ほど、多種多様な民族、民族体（ナロードノスチ）の後裔、植民地を保有している国が世界の他の国にあろうか」と。この書には諸民族についての記述に加えて、人物像の彩色画が綴じ込まれていることも注目に値する（図4）。

図4　ゲオルギの著書にある千島アイヌ
（Georgi, 1776）

四　シベリアの民族学研究

シベリア研究のなかで忘れてならないのは、シベリア流刑のことである。ロシア帝政に抗する一八〇〇年代後半の激しい政治運動のなかで多くの青年たちが逮捕され、極刑をまぬがれた人びとはシベリア各地へ流刑となった。しばしば一〇年以上にもなる刑期の間に知的な青年たちは各地の原住民と親しく接して、その言語や文化に興味を懐き真摯に向き合う。それは一八〇〇年代末から一九〇〇年代初期にかけてのことで、今日、シベリア諸民族の研究の基礎資料ではそのような宿命のなかから生み出されたものが少なくない。シベリアよりさらに東にあるサハリンはロシア帝国最果ての地であった。後にロシアの学界で顕著な役割を担うことになるL・シュテルンベルグやB・ピウスツキはそこでの一〇年ほどの間にニヴフ（旧称ギリヤーク）やアイヌなどと接し、言語をはじめ社会組織や文化、神話伝承までをも採録した。それもまた今日では貴重な資料となっている。

一九一七年のロシア革命の後には、新生ロシアの社会主義体制のもとでシベリア諸民族もまた社会経済ばかりでなく、言語をも含む文化面でも大きな変貌を余儀なくされることになった（ひと頃の文献では原住民の前近代的な氏族社会が、資本主義を跳びこえて社会主義社会になるというような論調が目立った）。原住民の教育のために先ずその言語調査を行い、学校教育の読本を編むことが最優先課題であった。諸民族の言語に文字はなかったから、研究者たちは現地で住民からことばを採録して音韻や文法構造を解明して、音韻表記の補助記号などを工夫して読本を編むことになった。ところが、ソ連時代の言語政策には紆余曲折があって、民族言語の教育は一貫していたわけではなく、その結果、二〇世紀後半には家庭のなかで祖父母のことばが、子どもや孫たちと通じなくなるという傾向が著しくなった。

言語学者がそれぞれ研究対象とする民族の言語に通暁することは当然のことではあるが、一方、シベリア各地で民族学研究に携わった研究者たちもまた相手の言語を身につけて研究を深化させ貴重な成果を遺している（とはいえ、著述には政治体制による制約などがあった）。ソ連時代を通じて蓄積されたシベリア研究は、そのすべてではないにせよ、その時代に生きていた各地の原住民族の人びとが先人から受け継いできた生活・精神文化、価値観が反映されている点で貴重な資料ということができる。つまり、そうした資料では、インフォーマントたちは一八〇〇年代後半かそれ以降に生まれ育った祖父母世代から直接間接に文化や記憶を受け継いでいると想定されるからである。本書ではそうした文献を繙いて、シベリア諸民族がソ連という政治社会の仕組みのなかで、未だ、いわゆる伝統的な文化や習俗を保っていたところに焦点を当てて、人びとの生き様を眺めてみたい。

ソ連時代には政府の政策によって国内で強制的にも民族移動が図られたこと、それと相まって通婚やさまざまな理由による人びとの移動などで、今日、シベリアの各地ではロシア人ばかりでなく多様な民族の人びとが混住しており、多くの地域では原住民族は少数民族となっている。

五　シベリア諸民族の言語

シベリア諸民族のなかには、人口の多いいくつかの民族（サハ、ブリャト、トゥバ他）を別として、その他には人口が一万人以下の民族（コリャク、ドルガン）、千人にも満たない民族、数十人などという少数民族があり、「北方少数民族」と呼ばれている。それぞれの民族には固有の言語があるが、今日ではロシア語が共通語としてひろく話されている。

シベリアの言語には大きくウラル諸語、アルタイ諸語（テュルク語／モンゴル語／トゥングース語グループ）、パレオ（古）アジア諸語が区別される。地理上の分布では、概ね、ウラル諸語は西シベリアの諸民族、アルタイ諸語のうちテュルク系言語は南シベリア及び東シベリア、モンゴル語はバイカル湖周辺、そして、トゥングース系言語は中央―東シベリアと日本に近いアムール河地域の諸民族の言語である（**表1**、**表2**）。

表1　シベリアの北方少数民族　分布と人口（2010年）

西シベリア（オビ河〜エニセイ河地域）

	人口（人）	言語分類	言語
		ウラル諸語	
ハンティ	31,000	ウゴール語派	ハンティ語
マンシ	12,000	ウゴール語派	マンシ語
ネネツ	45,000	サモディ語派	ネネツ語
エネツ	227	サモディ語派	エネツ語
ガナサン	862	サモディ語派	ガナサン語
セリクプ	3,600	サモディ語派	セリクプ語
ケート	1,200	エニセイ諸語	ケート語

南シベリア（アルタイ／サヤン山脈、バイカル湖地域）

	人口（人）	言語分類	言語
		アルタイ諸語	
ブリャト	460,000	モンゴル語派	ブリャト語
アルタイ	70,000	テュルク語派	アルタイ語
トゥバ・トジン	1,900	テュルク語派	トゥバ語
ショル	13,000	テュルク語派	ショル語
ハカス	73,000	テュルク語派	ハカス語
トゥバ	260,000	テュルク語派	トゥバ語

東シベリア（エニセイ河〜レナ河〜太平洋沿岸）

	人口（人）	言語分類	言語
		トゥングース・満州語派	
エヴェンキ	38,000	トゥングース語	エヴェンキ語
エヴェン	22,000	トゥングース語	エヴェン語
		アルタイ諸語	
サハ	480,000	テュルク語	サハ語
ドルガン	7,900	テュルク語	ドルガン語

北東シベリア（チュコト半島・カムチャトカ半島）

	人口（人）	言語分類 パレオ（古）アジア諸語	言語
コリャク	8,000	チュクチ・コリャク語派	コリャク語
チュクチ	16,000	チュクチ・コリャク語派	チュクチ語
（チュヴァン）	1,000	チュクチ・コリャク語派	チュヴァン語
ケレーキ	4	チュクチ・コリャク語派	ケレーキ語
イテリメン	3,200	チュクチ・コリャク語派	イテリメン語
エスキモー（アジア・イヌイット）	1,700	エスキモー・アレウト語派	エスキモー語
アレウト		エスキモー・アレウト語派	アレウト語
ユカギル	1,600	（?）	ユカギル語

アムール河・サハリン地域（アムールランド）

	人口（人）	言語分類 トゥングース・満州語派	言語
ナーナイ	12,000	トゥングース語派	ナーナイ語
ウリチ	2,800	トゥングース語派	ウリチ語
オロチ	596	トゥングース語派	オロチ語
ウデゲ	1,500	トゥングース語派	ウデゲ語
ネギダル	513	トゥングース語派	ネギダル語
ウイルタ（オロッコ）	295	トゥングース語派	ウイルタ語
ニヴフ	4,700	孤立言語	ニヴフ語
（アイヌ）		孤立言語	アイヌ語

表2　シベリア原住民族の言語

（一）**【ウラル諸語】**（主として、西シベリア）

これには「フィン・ウゴール語派」と「サモディ（サモエード）語派」の区分がある。フィン・ウゴール語派とは、フィンランドのフィン語とそれに親縁のある諸言語を意味しており、ウゴール語派はハンガリーのマジャール語が代表であるが、シベリアではハンティ・マンシ語がこのグループに分類されている。

①「**ウゴール語派**」ハンティ、マンシの言語（西シベリア）。

②「**サモディ語派**」ネネツ、エネツ、ガナサン、セイクプの言語（西シベリア）。

（二）**【アルタイ諸語】**（中央シベリア、南シベリア、アムールランド）

ここには、テュルク語、モンゴル語、トゥングース・満州語の三グループがある。

①「**テュルク語派**」に分類される言語はトルコ語をはじめ、中央ユーラシアからカフカス、ヨーロッパロシアにまで広く分布している。シベリアではサハ、ドルガンの言語（東シベリア）、アルタイ、トゥバ、ショル、ハカス、トファラルなどの言語（南シベリア）。

②「**モンゴル語派**」にはモンゴル語、カルムィク語があるが、シベリアにあるのは、ブリャト語（南シベリアのバイカル湖地域）である。

③「**トゥングース・満州語派**」のうち、トゥングース語グループに分類される言語はエヴェンキ、エヴェンの言語（中央シベリア～東シベリア）、ナーナイ、ウリチ、ネギダル、ウデゲ、オロチ、ウイルタ（オロッコ）の言語（アムール・サハリン地域）。満州語グループには満（州）族、ソロン、ホジェン（赫哲族）、シベの言語があるが、いずれも中国国内である。ソロン語、ホジェン語は中国東北部で話されている。ホジェン語はアムール河（黒龍

江）を挟んでロシアのナーナイ語と近縁である。

（三）**「パレオアジア諸語」**（古アジア諸語とも）は一九世紀半ばにシベリアを調査探険したL・シュレンクによる命名で、シベリアのどの言語分類にも含められない、恐らくは「アジアの古層を担った民族の言語」という含みで名づけられた。この分類には、チュクチ・コリャク語、エスキモー・アレウト語、それと所属不明のグループがあるが、いずれも北東シベリアの諸民族の言語である。

①**「チュクチ・コリャク語派」**チュクチ、コリャク、アリュートル、ケレーキ、イテリメンの言語（チュコト半島、カムチャトカ半島）。

②**「エスキモー・アレウト語派」**エスキモー（イヌイット）の言語（チュコト半島のベーリング海沿岸）及びアレウトの言語（ベーリング海・コマンドル諸島）。

③**「ユカギル・チュヴァン語派？」**ユカギルの言語（北東シベリアのコルィマ川流域）と、チュコト半島のチュヴァンの言語がある。ただ、後者は今日ではチュクチに同化して、チュクチ語を話しているようである。ユカギル語の分類については、ウラル諸語とする見解もあり、未解決のようである。

（四）**「エニセイ諸語」**これに分類される言語は、今日、ケートの言語だけ（西シベリア、オビ・エニセイ河流域）。かつてあったその他の言語は消滅したとみなされている。

（五）**「孤立言語」**ニヴフの言語（アムール・サハリン地域）は、以上のどの言語とも親縁関係が明らかでなく、孤立言語とされている。アイヌ語もまた同様である。

シベリア諸民族について、多数の人口を擁している場合は別として、著しく人口稀少の民族ではさまざまな問題がかかわっている。言語についていえば、何よりも深刻なことは話者数の減少のために、父祖伝来の言語の存続が危ういばかりか、消滅の危機に瀕していることである。このことはシベリアだけのことではなく、世界各地でも明らかにされている。ユネスコでは一九九六年から「消滅危機言語」のとり組みによって世界で対象となる言語が明らかにされ、そうした言語の記録保存が精力的に進められてきた。シベリアではアレウト、エネツ、オロッコ、ニヴフ語など八言語がもっとも危機的状況にあるとされている。因みに、日本ではアイヌ語、沖縄や伊豆諸島のいくつかの言語がその対象として指定されている。

六　シベリア諸民族社会の生業――狩猟民文化（狩猟・漁撈・採集）

シベリアの大地を概観するうえで分かりやすいのは、大河を目安にして、西シベリア（オビ河―エニセイ河流域）、中央シベリア（エニセイ河流域―シベリア平原）、東シベリア（レナ河流域―太平洋沿岸）と南シベリア（アルタイ・サヤン山脈地域、バイカル湖周辺）、北東シベリア（チュコト半島、カムチャトカ半島）とアムール・サハリン地域という区分である（図2）。この地理区分はシベリアの民族文化全般について、具体的なイメージを浮かべる上でも目安となる。

広大なシベリアの自然・生態学的な環境は地域によって大きく異なり、それに対応して人びとの生活の基盤となる生業があった。ただ、全体を俯瞰してみるなら、その営みはおしなべて狩猟・漁撈・採集、つまり狩猟民文化である。地域によってその実態は多様であるが、それは基本的には各地での自然や生態的環境への適応形態の違いといえよう。このことは大地の森林を伐採開墾して何がなんでも農地にしてきた農耕社会での戦略とは全く正反対の人間の営みである。シベリア全体で各地にみられるさまざまに特徴的な生業はそのことと鮮やかな対照をなしている。

狩猟民文化という視点からいえば、その範疇ではないかのように見えるのは、先述の北極圏での大がかりなトナカイ遊牧と南シベリアの一部で行われてきたトナカイ遊牧・農牧業である。学界ではトナカイ飼育や遊牧の起源について議論がつづけられてきているが、それはともかくとして、シベリアの広大な地域に拡がる針葉樹林帯から混合樹林帯、草原には大小多種多様な獣や鳥類が、河川や湖沼には豊富な魚類などが棲息している。狩猟は基本的に男性の役割であった。季節毎に恵みをもたらす山菜や漿果や木の実を採集するのは女性や子どもであった。多様性に富んでいるかにみえる生業は、実のところ、各地域の生態系への特化形態に他ならない。その顕著な例は、北太平洋沿岸地域の大型の海獣狩猟と、やはり、同じ海域の河川に回遊してくるサケマス漁であろう。

図5　魚皮衣　左：サケ皮の接ぎ合わせ。右：白いネルのような風合い（2007年ロシア民族学博物館にて、古原敏弘氏撮影）

北太平洋はクジラや種々のアザラシ・トドなど大型の海棲哺乳類に富む。この地域の諸民族（チュクチ、コリャク、エスキモー、アレウトなど）ではバイダルカもしくはカヤックと呼ばれる皮舟と精巧な銛や槍などの狩猟具を駆使して海猟を行った。捕鯨は日本ばかりでなく欧米諸国でもひと頃盛んに行われたが、北東シベリアの諸民族ではその営みは伝統的であった。アザラシ猟は南のサハリンのニヴフなどでも行われ、食用ばかりでなく、その毛皮は靴や衣料にもなった。また、ユーラシア大陸から北アメリカの北西海岸、つまり、北太平洋沿岸一帯の河川にはどこでも季節的にサケマスが産卵のために回遊してくる。アムール・サハリン地域の民族（ニヴフ、ウリチなど）では、それを大量に捕獲して日干しにして貯蔵食とした。サケマス漁はアイヌでも同じように主要な生業であったし、東北地方の河川にもサケマスは回遊してくるから、そこも「サケマス文化圏」(北太平洋文化圏とも)の一部ということになる。アムール河流域ではサケマスは食糧としてばかりでなく、魚皮は衣服や靴、窓の覆いに利用された。伝統からいえば、この地域の狩猟文化は概ね夏期のサケマス漁、冬期の陸獣狩猟というように特徴づけられよう(図5)。

狩猟はシベリアのあらゆる地域で、あらゆる民族に一般的であったことは明らかである。中央シベリアから東の広大な地域ではエヴェンキが少数のトナカイを乗物にして移動しながら狩猟生活をつづけてきた。エニセイ河からオビ河にかけての地域では河川での漁、山野での狩猟と少数のトナカイ飼育などが行われ、地域や民族によってその比重は異なっていた。南シベリアでは一部の民族でトナカイ飼育や農牧が行われていたが、後に詳述するように、アルタイ・サヤン山脈地域は狩猟民の世界であったかのごとくである。

誤解を避けるために附言しておかなければならないのは、シベリア諸民族の生活基盤が狩猟にあったということは、人びとがその世界のなかに停滞していたということではない。シベリアの自然界の宝庫は、近隣国家ばかりでなく西欧世界にとって重要な資源であり、二〇世紀以前には、交易などによって諸民族の社会は、近隣諸族だけでなく世界市場に開かれていたのである。自然の生態系を力ずくで抑え込み、負の遺産を蓄積しながら発展してきた現代社会が必ずしも良い社会ではないことに気づいたことからいえば、狩猟民社会に真っ当な目を向ける意義は大きいと思う。

ソ連時代を通じて、シベリア諸民族はその伝来の生業を維持しながらコルホーズ、ソフホーズという集団経営に組み込まれることになった。ソ連が崩壊して久しい今日、人びとは新たな社会経済状況とグローバリズムのなかにおかれている。

本書で考察しようとしているテーマについて、手がかりとする資料は、現代のシベリア諸民族に関するものではない。基本的には一九〇〇年前後からその中葉頃まで、シベリアの各地で実地調査に当たった民族学者、言語学者による報告である。その当時はまだ、新生ソヴィエト社会で進行していた大がかりな社会変革は、シベリア各地の深部までには及ばず、人びとの生活や信仰儀礼には大きな変化は見られず、先代からの伝統を引き継いでいたように見える。そして、それは遙かに遠い過去から積みかさねられてきた、いうなれば、文化遺産であったといってていいかもしれない。

I　生命の民族誌

第一章　シベリア諸民族の生命観

一　「生きている」ということについて

人の誕生と死はいつの世でも日常的な事柄ながら、現代社会では生と死の現実とその観念は余りにも多様化しており、それをどのように考えるべきかについて答えることは容易ではない。人工・体外受精による人の誕生、遺伝子操作、臓器移植やｉＰＳなどによる病気治療、延命術などによって飽くことなく生命維持が追求される一方で、殺人、交通事故、戦争、テロ、自然災害などによる日常的で、しかも、しばしば大規模な死の、余りにも絶望的な現実は尋常なことではない。とはいえ、長い人類の歴史では、戦争や災害や疫病による集団的な死は絶えず繰り返されてきたのであるから、今日の現実もまた何ら特別なことではないと人はいうかもしれない。そうであろうか。

個々の人の誕生と死へのかかわり方は、恐らく、人間社会に普遍的で、古今東西少しも違いはなかろう。一般的に赤ん坊の誕生を呪い悲しみ、人の死を喜ぶ文化はどこにもないであろうと思う(とはいえ、新たな生命の誕生が率直な喜びとならないことも現実にはいくらもあったし、あることは事実である)。人殺しと戦争が人間性に所与なのだと諦観するにしても、他方では生と死に関する事柄は個人や社会にとってもっとも大きな関心事であり、生きることこそが何をさておいても求められなければならないという点に人類文化の最大の共通性があると言っていい。生命を維持することは、生物一般にとって自然の絶対的な摂理であるから、人間もまたその法則性に則っていることに疑いはないが、社会や文化的な仕掛けのなかでは、人の生命は必ずしも安泰ではなくなる。

高度な文明社会や都市生活のなかでは見えにくくなっている人間の存在について、ひと昔前の民族誌から私たちはさまざまな問題に気づかされるように思う。

「自然との共生」ということばは、昨今よく使われるが、これは本質的にどういうことを指しているのであろうか。人類の長い歴史やシベリア諸民族の文化から考えてみると、この表現にはある意味で極めて人間本位の傲慢さがあるように思う。本来的には人間も自然の存在であり、他のあらゆる生き物、動物と同じように自然界を構成する一部分であったはずだからである。高度に発達した文明・文化のなかでは見えにくくなっているとはいえ、「食べる」という日々の動物的な行動が、まったく自然に依拠していることを思い起こしてみるがいい。また、私たち人間が接することのできる自然だけではなく、地球というこの惑星には人間の想像を超えた大自然の営みがある。

山や森、河川や海、草や樹木、鳥獣や魚、移ろう天空現象と気候、そうした自然現象について、一九二六年に民族学者G・N・プロコーフィエフは、西シベリアの先住民ネネツの若者たちと面白い会話を交わしている。

「水は、もちろん、生きものさ」。「木は生きものか、それとも生きものではないか？」――「生きものではない」。「木は生きものだと私たちはいうのだが……」――笑って、訝しがる。「木は動かないじゃないか」。「では、石は生きものか、死んだものか？」「生きものだ、なかに火がある……〔これは燧石のことか？　荻原〕」。「風も生きものだし、太陽も生きもの、星も生きものだ、それはみんな動くからだ[1]」。

このように自然現象を生きものとして捉えるアニマティズムの観念は、シベリア諸民族に広く認められる。ところで、木々の枝が風で揺れる現象を今、私たちはどのように説明できるだろうか。木々が揺れるのは風が吹くからだが、では、風はどうして吹くのだろうか（気象学の話ではなく、私たち日常生活のレベルで）。それについてエヴェンキは風を動かす力が働くのだと説明する。川の水が流れるのは、水を動かす力が作用しているのである。その力をエヴェンキ語ではムスン（ムシュン、ムフン）といい、それは雨や雲にもあり、そればかりか、風化して崩落する山もやはりムスンをもっている。さらには、人が作った弓矢は獲物を殺す力があるから、これもムスンである。また、「ことば」もムスンをもっているから、悪口が現実に災いを招くことにならないよう用心しなければならないという[2]。

では、「生きている」ということはどう考えられていたのだろうか。西シベリアのケートにはエトレス（etles'）という「生命力」を表す語があり、これは「息」に近いが、息（ii'）そのものではない。「致命傷のオオジカが死の刹那頭をもたげると、そのときエトレスは空中に飛び出る」という。ケートでは心臓や肝臓、肺臓や胃などの内臓、血液、影にも生命力があると考えられ、また、叙事詩のなかには強敵や獣の臓器を食べて自分の生命力を強化する話がある[3]。西シベリアのネネツでは息、血液、影、心臓だけでなく、知恵にも生命原理を認めていたが、それはケートやエヴェンキでも同じである[4]。同様に、北極海に突き出たタイムィル半島のガナサンやドルガンでも息、血液、影に「生きている証」があるとみられていたが、このような見方は特別なことではなかろう。息がなくなること、心臓の鼓動が止まること、出血多量が「生命の停止」に至ることは人の経験に基づく事実である。

地面や水面に映る「影」は人の分身であるという観念も広く共通しており、このことは写真とも関連してしばしば語られてきた。つまり、写真を撮られることは自分の生命力もしくは「魂」を奪われるものと恐れて嫌がられ、また、声を録音することも同様に考えられた場合がある。それゆえ、ガナサンは地面や水に映った人影を突き刺したり、叩くことが「人殺し」になるとして戒め、さらには頭髪や着物もその人の生命と深く結びついていると考え、抜け毛や着古した着物の扱いに注意を払った(5)。人の身体の一部、もしくは身体に触れた衣服などに呪いをかけるとか、傷つけることが、その本人に作用を及ぼすというこの行為は類感呪術もしくは感染呪術と呼ばれ、黒呪術（ブラックマジック）は人類社会では一般的なこととして知られている。

生命の観念について、民族学や人類学では一般に霊魂（soul、ロシア語ではドゥシャ dusha）という語が当てられてきた。例えば、ガナサンでは、「カム・血はやはり〈霊魂〉であり、これは息と同じように人間ばかりでなく、動物の物理的存在と同一視され、〈生命原理〉の容器であり、それゆえに、神や精霊に供犠される」という(6)。つまり、「血液は生命原理である霊魂の容器であり、霊魂と同一視される」ということであろう。また、文献ではシベリア諸民族が人体の手足、内臓、頭や目にそれぞれの霊魂の存在を認めているとして、これを「部分的霊魂」

(partial soul) と呼んでいる。(7) そうした記述を慎重に吟味してみると、身体の各部位もまた生命の実体であるということになろう。霊魂という語によって一般化することの学問的な強引さには躊躇しなければならない。病んだ臓器が生死にかかわるとき、その臓器は「生命原理」に等しいということになるのではなかろうか。

アムール・サハリン地域のナーナイの英雄説話の一つに、敵の小さな人形《ひとがた》の手足を一つずつもぎ取って面前の敵を滅ぼすという場面が語られるが、霊魂はその各部位にあり、そして、その人形そのものもまた霊魂エルゲニということのようである。この場面もまた類感呪術でもあるが、実際、「生命」が人体のどこに宿っているのかを果して私たちは知っているのであろうか。「生きている」ということは、身体のあらゆる部位、血液、息、影が全体として「在る」ことで、その全体性が損なわれることが痛みや病、死につながるということであろうか。心臓の鼓動が止まり、心電図が波を描かなくなり、目の瞳孔が反応しなくなって「死」が告げられる時、私たちはそれを受け入れることになるのではあるが……。

二 病気・死をもたらす「悪霊」

シベリアでのこのような生命観のなかで、病気や死にはまた別様の解釈もある。北極海に突き出た大きなタイムィル半島のガナサンでは病気の原因は死者や悪霊バルシに帰せられ、バルシが地下世界からやってきて、その息吹が人体に入ると、その人は病気になり衰弱して死ぬと考えられていた。そうした病気を治すには、トナカイか犬を連れてきて、病人がそれに息を吹きかけて悪霊の息を移すのである。また、目を病んだときには、病人はトナカイの目に息を吹きかけて、「治ったら、金輪際トナカイの目のまわりの脂肪は食わない」と誓った(8)。悪霊の息＝病気を家畜に転嫁するというのは、興味深いことであるが、悪霊や病魔を他に転嫁するというようなことは、シベリアだけのことではない。日本の流し雛の習慣も根本のところは同じ観念であろう。

北東シベリアのコリャクやチュクチでは、病気や死は、炉の火を通じて闖入してくる悪霊カラ（コリャク）やケレ（チュクチ）が原因である。コリャクの神話では創造神クイキニャークの息子が病気になったとき、創造神は「どうやら、家のなかにはカラがいるらしい」と言って、「翌朝襲ってきたカラを炉の上の梁に座らせて、下で薪をくべて火責めにして懲らしめ、屋内に隠れているその仲間と共に追い出し、そうして息子の病気を治した」という話がある(9)。カラやケレは多様な性格をもっており、病や災いをもたらすだけでなく、地上で家族とともに生活しながら、創造神の家族ともつき合うという話があるが、他方では人喰い、悪霊として恐れられている。

病気の原因である悪霊を病人から追い出すために、アムール河中流域のナーナイでは家族のほかに大勢の人が集まって大声で叫びながら、がらがらや棒、金物を叩いて騒いだ。その際に追い出した悪霊（セオン）を閉じ込める草人形をつくり、それに向かって叫び声をあげて脅し、最後にはそれを家から放りだしたという。[10] また、同じナーナイで、家の守護神ジュリンの木偶や昇る太陽（女神）に病気の回復を祈願し、回復した後には鶏や豚、鴨などを供犠したともいう。[11] 家族を守護するという炉の火の神は日常的な祈願の対象であって、それはアイヌをも含め、シベリアの諸民族に一般的なことであった。

また、悪霊に目をつけられて病気になることを恐れて頻繁に住まいを変えたり、後述のように、生まれた子どもに人間と思われないような名前をつけたり、成長過程で頻繁に名前を変えて悪霊をたぶらかすということも多くの民族で行われた。

一方で、ガナサンでは「病気」に対して優しいことばをかけて宥めたということもあったが、[12] 北東シベリアのコリャクやチュクチでは呪文が盛んに行われた。そのなかには頭痛や腫れ物、胃痛を治すために唱えられる呪文がある。例えば、胃病を治す呪文では次のように唱えられた。クールキルは、チュクチやコリャクの神話における創造神・大ワタリガラスの名前である。

わたしはクールキルを呼ぶ。

わたしの胃をわたしは海の入り江に変える。入り江は凍り、すっかり氷に閉ざされている。入り江の氷には沢山のごみが閉じ込められている。そのごみはわたしの胃の病気だ。「わたしの胃よ、おまえは痛みでいっぱいだ。わたしはおまえを凍った入り江、汚い氷盤に、とても古い氷盤に変える」。わたしはクールキルに頼もう。

「クールキルよ、あなたは遠い昔から、旅をしている。わたしはあなたに助けてほしい。この入り江をどうするつもりか。これは凍っている。悪い輩が凍らせたのだ。あなたには丈夫な嘴がある。どうするか。」

すると、クールキルは氷を割る。割れたのは実は病気だ。氷の下で突き刺さっていたものをわたしは流れに運ばせよう。それは水面に浮いている。(13)

胃痛は異物のせいである。それは凍った水のなかの塵に喩えられる。その氷をクールキル、すなわち、創造神の大ワタリガラスの嘴で割ってもらえば、塵は流れさり、胃痛の原因も消えるという。大ワタリガラスは同じ地域のコリャク、イテリメン、エスキモーなどの神話の主要な存在で、世界の創造や文化の起源にかかわり、また、凍りついた天穹を嘴で穿って穴をあけ、地上に太陽をもたらした文化英雄である。そればかりでなく、滑稽譚などには愚者・トリックスターとして登場する。

病気治療の呪文が創造神の神話となっていることは稀ではない。要は、物事の根源を説く神話が、病の根源を取り除く効力を発揮するということにある。今日のコロナウイルスもまた現代の悪霊に違いない。その正体を解明できた暁には、世界を震撼せしめているこの悪霊を人間社会から排除できることになろう。アイヌのユーカラのなかにも、オキクルミやアエオイナカムイなどという神が自ら病気の根源を説いて、その妹神の病を治すという話がある。

次の例は、アエオイナ神の妹神が腹痛になったときに、病魔の根元を説いて治した際の祈詞とされているが、その特徴は山々の叙景的な神話といえそうである。

……シシリムカ川（沙流川）の我が里川を遡り……遠き水源の奥山にのぼり行かん。その水源に聳ゆる山の上に大沼在るなりけり、山の下手にある沼は漣沼、沼主の神は男二人の兄弟、兄なる神の名は雲沖放《さ》け彦、弟なる神の名は雲寄せ彦。山の中央にある沼は煤水沼、沼主の神はシカトルケ彦シカトルケ媛。山の上手にある沼の、沼主の神は朽ち彦朽ち媛。山の下手に在る沼の、沼主の神なる雲沖放け彦、山の中央に在る沼の、沼主の神なるシカトルケ彦の妹神を妻にめとれり。弟神なる雲寄せ彦は山の上手に在る沼主の神なる朽ち彦の妹神を妻にめとれり。かくして神々互いに親戚の縁を結びぬ。この我が人間の国土の首領となり、ともに長として敬わるるは……幌尻岳の神の下す命には神々悉く聴きて従うことなるなり。然るところ、如何なる故か我が妹神腹痛に苦しむ様なり。我が妹神急に死ぬことあらんか。神々ことごとく非難を受けて、この人間の国土には棲むこと能わざるべし。先ず、第一に幌尻岳の神詫びの言葉を述ぶべきなり。アエオイナの神、その妹神の腹痛せし時（かく）祈詞（inonno itak）を述べしという。(14)

いかにも回りくどい話ではあるが、要するに神々の由緒を明かして、人間を守護するべき役割の不行き届きを告発したということである。アイヌのユーカラにみられる一般的な特徴のひとつは、物事の根源を顕すことが、事態の解決になるという思考法である。争う相手の素性を暴くと、相手はすぐさま退散するというタイプの話はさまざまにある。この思考法は、病の原因を突きとめ、暴きだすことができたなら、病気の治療法や予防法も可能になるということに通じよう。

右の話では、シシリムカ川（沙流川）の上流にある沼の神々兄弟姉妹たちの婚姻関係を明らかにして、その神々たちを統括する幌尻神の監督不行き届きのために妹神が腹痛になったという告発である。幌尻神とは日高山脈の主峰幌尻岳のカムイであろう。アイヌでは病の治癒を自然界の神カムイに念じて、その力を頼みにする。そのカムイとはこの話では自然界の山々である。これに類似する話はほかにもいくつか採録されている。つまるところ、自然界のカムイのもとに人間の健康、安泰があるのだという観念は、いかにも大らかではあるが、アイヌ文化からくみ取ることのできる大事な世界観である。

三　シベリア諸民族の精神世界

人類学ばかりでなく、一般に古代や先住民社会の宗教をアニミズムやシャマニズムというタームで特徴づけようとする傾向が続いてきている。個々の社会や時代の人びとの生活や人生を支えている観念や習俗にはそれぞれに特徴がある。シベリア諸民族についてアニミズムとかシャマニズムをいうにしても、その実がどうであるかを問うてみることが肝要である。例えば、シャマンの役割や性格、特徴は地域や諸民族それぞれで違いがある。それを踏まえるなら、シベリアの諸民族文化にシャマニズムを所与のこととすることには慎重でなければならない。「生きている」という生命現象が、当初から霊魂によって観念されていたということも、また、言いがたい。むしろ、観察される在りのままの様態が生命の実体として理解されていたのではなかろうか。その何よりの証拠は生命の実体をあらわす特別な語彙が見当たらないらしいということにある。実体の認識を「ナイーヴな唯物論的観念」と呼んでいる民族学者がいるが[15]、この観念は生きとし生けるものの客観的な現実の認識であって、それは、また、恐らく時代や社会を超えて人類に普遍的であるといえるのではなかろうか。

人間の身体に異常が生じたとき、その原因は悪霊や魔物などに帰せられ、それはまた、神話や説話に語られる。病気を治療するにはその悪霊を排除しなければならないが、それのためにシベリアの諸民族だけでなく、どこの社会でもさまざまな方法を駆使し、また、生命に危険を及ぼすかもしれない不可視の存在を阻止するための予防策を講じた。そのなかには日本文化にも共通する多くの特徴を見出すことができそうである。目には見えない悪霊についての根本的な観念は、現代の私たちがもつ「ウイルス」や「病原菌」の理解に通じよう。病因を遺伝子レベルにまで辿って解明しようとする試みはつい近年のことである。昨今では、疫病が拡がるとテレビにはウイルスの姿が映しだされて、コロナウイルスがなるほど光芒コロナをもっているという具体的なイメージを、私たちは、極めてはっきりと共有することができるようになったが、そうでなければウイルスを実見することなどは常人には及ばない領域のことである。

生命を脅かす不可視の存在を人はどのように認識し、排除することに力を注ぎ、生命を繋いできたのであろうか。その努力はある時代まではどこの社会でも共通していたように思われる。

そのことを論ずるまえに、シベリアでは人びとがどのように生命の誕生を考えていたのだろうか、それを眺めることにしたい。

第二章　生命を授かる

シベリア諸民族の民族学的な調査や研究は古くには一七〇〇年代に遡るが、近くは二〇世紀前後から、ロシアの民族学研究所や博物館の研究者たちによって各地での実地調査などが精力的に行われて、多くの知見が集められるようになった。その成果である諸々の資料・民族誌を手がかりに、シベリア諸民族のもとで人の生命、子どもの誕生や生育がどのように観ぜられていたのかを眺めてみることは興味深いことである。

一般には生命の実体として「霊魂」という語が当てられている。日本語では霊魂とされ、また、それに対応する外国語はあるが、それが具体的にどのように考えられているのかは、個々の文化で異なっていよう。「霊魂」は実質的な意味ではなく、生命の実体に対応する語とするしかない。生命について、生命を授かることについてアイヌやシベリアの諸民族にはさまざまな思慮がある。

一　アイヌでは

アイヌには、霊魂・生命に当たる語にラマッ（ramat/ramat）がある。アイヌの説話に、人妻の美女を誘惑しようとして、人間に化けた狐が女の胸から魂を奪っていくという話がある。知里真志保は、このラマッ（ト）を ram at ＝心の・紐と解して、日本語の「玉の緒」を連想しているが、ram は元来サンペ、すなわち、心臓を意味していたのではないかという。このサンペ・心臓は、「紐がついてぶら下がっている」と考えられ、それを「サンペ・アッ」すなわち、「心臓の・紐」といい、「心臓は不断にこの紐からぶら下がっている」という。(1) また、サハリンアイヌの説話のなかに、人妻を盗もうとする狐兄弟の話がある。兄たちの悪巧みを知った末弟の狐が、人妻の胸に炉の灰の塊や狐の耳先の毛をおいて、兄たちの悪巧みを阻止して女を助けたという話である。つまりは、灰の塊や狐の毛は魂の代わりである。さらには、犬がその主人を殺そうとして、蔭でその「心臓の紐を嚙《かじ》り嚙《かじ》りする」という話もある。(2)

アイヌのこの観念は、興味深いことに、日本の古代にも通じるようである。多田一臣『万葉語誌』には「玉の緒」について、『玉』は、装飾用の玉を意味するが、同時に生命力の根源であるタマ（魂）の意も重ねられている。魂は緒によって身体に繋ぎとめられているとされた……から、その緒が切れてしまえば、魂は身体から遊離し、死にいたることになる」とある。(3)

霊魂を玉とする例は、叙事詩ユーカラにある。その印象的な例は、金成まつ・金田一京助の『ユーカラ集I』の一話「ポンオイナ」で、主人公のアイヌラックルが天界への戦いに臨んで、情を交わした媛《ひめ》を撫でさすって「黄金の太刀の雌の目釘にして」、つまり太刀の鋲にはめて出陣するというのである。これにはいろいろと意味合いを詮索することができそうであるが、一つには女性が男性の霊的庇護者であるということにもなろうか。

魂の緒に関して思いおこされるのは、ネリー・ナウマンが、土偶の胸部から腹部にみられる特異な線状紋様を、「生《いき》の緒」と解していることである。付されている土偶の写真について、「臍から胸部ないし喉へのつながる縦線は……イキが息と生きの両方を意味するので、線が胸部と喉のあたりの部位で終わるのはごく自然というほかない」という。(4)但し、改めてみると、具体例として挙げられている写真の土偶では、その腰回りに太い鋸歯状の帯と、刺突《しとつ》や点線あるいは短い刻線の文様があり、ナウマンはそれを着衣と解している。実際そのように見える。ナウマンが「生きの緒」とみなしているのは、胸部から腹部にかけての縦線のことのようである。それは一つの土偶では単純な直線、もう一方では二本線で、その間に横線が刻まれている。したがって、首から腹部にかけての土偶の線状模様は明らかに着衣の前部の作り（打合せ）とするのが自然であるように思う。つまり、縄文時代に由来する土偶に「生きの緒」を認めることには問題がありそうである。

ところで、アイヌの叙事詩ユーカラには、死に際して肉体から遊離する自我ともいうべき霊魂が語られる。例えば、神謡(カムイユーカラ)「山岳を領《うしは》く神(熊)の自叙」では、人間に仕留められて死んだ熊が、人間に運ばれて山を降って行く様子を、「我」が樹上から眺めていると語る場面がある。つまり、動物は殺されると、その刹那気を失い、肉体を離れるらしい。神謡の一節に、毒矢を撃たれて気を失って斃れた雄熊が、ふと目覚めてみると、「一本の立樹の枝の上に手をだらりと下げ、脚をぶらりとさげて」いて、「その傍に我蘇生したるなり」とあり、そして、下をみると、大きな老熊が身を横たえていて、そのそばに仔熊が戯れていたというのである。(5) そして、話はこの一人称の我の叙述でつづく。もう一例を挙げるなら、神謡「狐が自ら歌った謡」に、海上に嵐を引きおこして、オキクルミカムイたちの舟を翻弄して苦しめた狐が、そのために蓬《よもぎ》の矢を射られて、もがき苦しんだあげくに、気を失う。「ふと気がついてみると、大きな黒狐の耳と耳の間に私はいた」という。(6) 死の瞬間、肉体から離れて、「我」として物語るのは霊魂(遊離魂)であろうか、そして、それは後に屍体の両耳の間に戻ってきて、それが一人称で語り終えることになる。その霊魂は屍体と共に消滅することになる。この自我の一人称語りは、アイヌの口承文芸ユーカラの大きな特徴であって、他の地域や民族には類例がないように思われる。

この肉体を離れて、なお自分の身に生じた事の一部始終を客観的に語る「我」の観念は動物の場合だけではない。主人公の語り手が女性であるメノコ（女）ユーカラの一話では、殺された乙女が、ややしばらくして「我にかえってみると、梁木《りょうぼく》の上に手をぶら下げ、脚をぶら下げており、わが下には美しき少女の空しき骸《むくろ》が横たわっていて、その顔の光輝で家のなかは明るくなっていた。」横たわっている少女を助け起こした養兄は、「魂招《たまを》ぎの鍔《つば》」（ramat tak seppa）で少女のみぞおちを撫で擦《こす》りつつ、涙ながらに神々に祈る。その様子を見て、「我はかの少女の上に飛び下りた」ように思ったが、そのあとどうなったか分からないが、やがて「養兄の膝に抱かれていて、目を開けた」という。(7)「魂招ぎの鍔」の魂は、ラマッである。このコンテクストで語りつづける「我」というのは、ラマッということになろうか。つまり、ここでもラマッは、自我であると同時に、肉体を離れる遊離魂ということになろう。

英雄のユーカラ（英雄叙事詩）では、物語のクライマックスはしばしば戦闘場面である。そこでは、「死神」（rai kamui）」という語が頻出する。昇天して「甦る死神は国土の東へさり、引き返して新しい神となって戦いにやってくる」が、「全く死にゆく神々は日の入る真西へ沈んでゆく」のである。その死は現実的な生死と結びついてはいない。つまり、登場する勇者たちはどのように殺されても、甦る死神は幾度でも生き返って、元の姿で物語の別の場面に復活するのである。

こうしてみると、口承文芸の世界だけでも、アイヌの霊魂には多様性があるようで、まだ考察の余地は少なくなさそうである。

叙事詩世界のことは措くとして、アイヌ語では「生まれる」の意に、シコ（siko/sik＝目＋o＝つく）がある。親は aesikop（われら それによって 生まれ出た者、目がつく者）となり、また、paro-p（口がつく者）が出生を意味する。(8) このように、アイヌ語では生命の誕生は、人の目や口によって暗示され、ラマッとは無縁であるかのような印象を受ける。つまり、生命の誕生は、霊魂によるのではなく、人間としての感覚器官に焦点があるかのようである。

二　北東シベリアの諸民族では

日本列島の北、ユーラシアの最東北端に当たるチュコト半島のチュクチには、①ウヴィリト（＝身体）が心臓、肝臓、脈、呼吸、血液などを動かしている実体であり、人の分身と考えられている。これは物質的である。一方、②死者は新生児に再生すると見られ、例えば、死に際して老人が孫娘に、「おまえが結婚したら、お前の子どもとして生まれてくる」と告げるという話がある。これは①のような物質的な次元ではなく、いわゆる霊魂にかかわっているのであろ

う。新生児が死ぬと、「近くを通りすぎていった、留まろうとしなかった」という。(9)

チュクチよりは南、カムチャトカ半島のコリャクには、①ウウィチト／ウウィリト＝息という語がある。子どもが生まれる前に至高神がその子どもの先祖のウウィチトを母親の胎内に送るという。このウウィチトの寿命は予め定まっており、それは至高神の家の梁に吊り下げられている紐である。地上に在る人の寿命はそのウウィチトの首か親指に結ばれている紐の長さで決まっており、紐が短いと生まれてくる子どもの人生は短いことになる。また、生まれた子どもには「小さい祖母（アナペル）」と呼ばれる石の占いによって祖父母の誰が生まれ代わってきたのかを明らかにして、その名をつけるともいう。(10)

三　トゥングース語系諸族の霊魂観

トゥングース研究の泰斗G・ヴァシーレヴィッチによると、トゥングース語系のエヴェンキ、ナーナイ、ウリチ、ウデゲなどでは人間や動物の霊魂は「オミ」、「オミヤ」とよばれ、その容れものは人間や動物の身体である。それゆえ、人間と動物は共に「オミチ」すなわち、「オミをもつもの」である。オミの所在する場所は、怪我や死の観察から血液、息、肺臓、心臓と結びつけられていた。動物のオミはそれぞれのもっとも発達した部位、すなわち、猛獣は鼻に、若いトナカイは顎とひづめに、熊は足と爪にあるとみなされていた。そのゆえに、一方では、そうしたものが狩人や人びとに獲物や健康をもたらす護符として大事にされた。このような霊魂観は先述のような生命観、つまり、例えば、血液そのものが生命の実体であるという観念と矛盾しているわけではない。

霊魂オミは人が眠っている間にその身体から遊離し、また戻ってくることができる「遊離魂」であり、人が死ぬとオミの世界へ飛び去っていく。それに対して、人間にはもうひとつ「ベエ」という死に際しても身体に留まる「身体魂」があり、これは人の死後シャマンが死者世界、つまり、あの世に送り届けなければならない。ベエは死者の世界でしばらく生きたのち、もう一度死んで次の他界へ行くが、そこでは悪人と善人の行く先が異なるという。つまり、悪人の霊魂は「より下のシャマンの世界」へ、善人の霊魂は「未だ生まれざる霊魂の世界」であるネクタルへ移る。その世界は上界の麓の源流にあり、人間の霊魂はそこで小鳥の姿になって留まっている。人間の創造主(上界の主)が小鳥を一本の毛や草として地上に送ると、女性の体内に入って新たな生命の誕生となる。このネクタルより下には広々とした苔の野原があり、そこには未だ生まれざるトナカイの世界があるという(11)。

一九三〇年代にエニセイ河中流域でエヴェンキのフィールドワークを行ったA・F・アニーシモフは、エヴェンキの宗教や社会組織についてもっとも基礎的な著作をものにしているが、

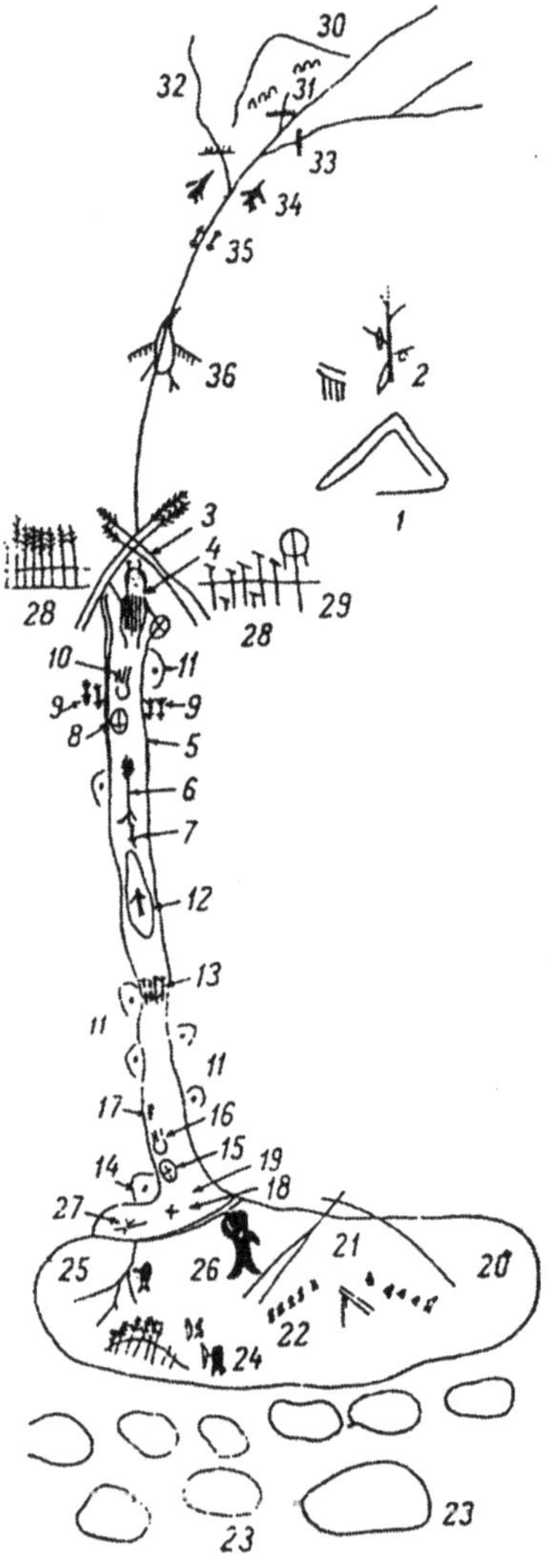

そのなかにシャマンが明らかにした霊魂観の図がある。このエヴェンキのシャマンの世界観では「シャマンの川」を軸に生命のサイクルが明示されている（図6）。その「シャマンの川」の源流にある山頂にはやがて生まれ来る子どもの霊魂オミの世界オミルクがあり、中流は地上の世界、下流の河口の向こうには死者の世界が配されている。こうして生命は川上から地上世界に生まれ来て、人生を生き、やがて死ぬと、川下の他界へいく。そして、時を経て、再生すると川上のオミルクへ戻るという。つまり、霊魂はシャマンの川伝いに生と死、転生・回帰をく

図6　エヴェンキシャマンによる死者他界送りの図（右頁）

1 故人の家。　2 墓の板台。傍らの木に死者の「遠出」の旅の品々が吊してある。　3 死者の霊魂を同族の死者の村へ送る儀式のために建てられたシャマンの天幕。　4 コルドゥヤリ氏族の年長シャマン・インチリグンが死者の肉体魂を地下界へ送る。　5 仮想上の氏族の川。　6 シャマンのカラマツ霊がシャマンのために道を清める。　7 アビ霊がシャマンの道案内をする。　8 シャマンの太鼓が舟となる。　9 シャマンの守護・見張り役の守護霊たち。　10 死者の肉体魂が墓の板台を筏にしてシャマンに従っていく。　11 地下界への川の主（ぬし）であるお婆さんたちの集落。彼女たちにシャマンは死者の村への行き方を尋ねる。彼女たちの7人は氏族の川岸に住み、一番年上の一人はシャマンの島に居る（→26）。　12 地下界の川の中程にあるシャマンの島。シャマンはそこのお婆さん、すなわち、川の主のところで休憩して、この先の行き方を尋ねる。　13 隘路。シャマンが仕掛けた精霊たちの罠のある浅瀬。　14 地下界の川の主であるお婆さんたちの最後の村。シャマンはその岸辺に着くと、入り江の向こうの同族の死者の村へ向かって、連れてきた死者の肉体魂を受けとってくれるよう大声で叫ぶ。　15 舟の役割をするシャマンの太鼓。　16 運ばれてきた死者の肉体魂。　17 犠牲のトナカイ。　18 シャマンを先導して泳ぐアビ霊。　19 仮想上の氏族の川の河口にある入り江。この先から地下世界となる。　20 氏族の死者の村。　21（メネエン）氏族の死者たちの村（メネエン）。　22 死者の女たちが焚き火の側らでさまざなな家事をしている。　23 シャマンの9つの島。そのうちの8カ所にはシャマンの祖霊が棲み、一番大きな所（右端）には地下界の主マンギがいる。　24 男の死者たちが獣狩をしている。　25 男の死者たちが川で魚獲りのヤナを仕掛けている。　26 死者の村の女主人。険しい崖に上って手を挙げ、一人の男に入り江を渡って死者の身体魂を村へつれて来るように合図をしている。　27 死者の一人が、墓板台の筏でやってきた死者を迎えに舟で入り江を渡ってくる。　28 地下界の入口を防御するシャマンの補助霊たち。　29 犠牲トナカイの毛皮。　30 オミルク＝霊魂オミの氏族の保管所。　31 霊魂オミ。　32 仮想上の氏族の川の支流。　33 シャマンが補助霊で設けた罠。病気の精霊がオミルクへ入るのを阻止する。　34 鳥の姿をしたシャマンの精霊がオミルクの入口を空から見張っている。　35 シャマンの精霊（タイメニ魚）がつくっている関門。氏族の川の上流への通路を守護する。　36 霊魂オミが鳥になって地下界のマンギの元からオミルクへ飛んでいく。（Анисимов, 1958）

り返すことになる。[12]

子どもに恵まれないということは、一般的には望ましいことではなかった。昔話や説話では「桃太郎」の話のように、老夫婦に思いがけず子どもが授かる望外の幸せが語られる。ユーラシアの英雄叙事詩や神話でも主人公がやはり奇瑞などによって老齢の夫婦に授かる。そのせいか、生まれた子どもは超高速で成長して勇壮な英雄となるのである。シベリアの民族誌にも子どもへの願望はさまざまに明かされている。ナーナイの女性は家の守護神の柱グシ・トラに子どもを授かってくれるよう祈願したというのもごく当然のことであろう。同様の柱はアムールランドの他の民族にもある。

ナーナイやウリチ、ウデゲなどでは花嫁衣装の背に樹木の枝に鳥が止まっている繊細な刺繍がある（図7）。それは氏族の樹もしくは生命の樹とみなされている。[13] ナーナイでも生命の大元は天であるが、そこは太陽とオモソン・ママ媼のくにである。そこにオモニ・モアニ（モーニ）という大樹があって、その枝には霊魂オミヤが小さな小鳥（チョカとかニツェという）の姿で宿っている。この樹は山上にあるともいう。そして、この霊魂のくにはオミア・モアニもしくはドーンコニと呼ばれている。ナーナイの氏族にはそれぞれの樹が天界にあり、その枝には雌雄同じ数の小鳥が止まっており、その樹と小鳥を司っているのがオモソン・ママ媼であるという。その樹で育った小鳥チョカ、すなわち、オミヤは氏族（ハラ）の樹の梢から次第に下へ降りてきて、

図7　ナーナイの花嫁衣装（Kile, 2004）

氏族の女性の身体に入る。すると、チョカは未来の赤ん坊の身体魂ウクスキに生気を与える。この子どもの身体魂は母親の身体魂ウクスキから生まれることになる。こうして、ナーナイの観念では誕生には生命魂がかかわり、母親の体内で身体魂を受け継ぐことになるということになる。誕生後に小鳥の霊魂オミヤがどうなるのかについてはシャマンによってまちまちではっきりしないらしい。

ただ、子どもが一歳未満で死ぬと、そのオミヤは霊魂のくにであるオミヤ・モアニの樹に帰って、その梢に止まる。それが再び地上の女性のもとへ降りてくるのは三年後であり、また、三度目に降りてくるのは六年してからであるという。大人が死ぬと、そのオミヤは同じようにオムソン・ママ媼の世界へ帰って行くが、身体魂ウクスキは遺体と共にあり、その後は墓に留まる。それを他界へ送り届けるためには、シャマンによる儀式が必要になる(14)。

ナーナイにおけるこのような「生と死」をめぐる霊魂観はアムールランドのウリチやウデゲにも、また、一部のエヴェンキにも基本的なところでは共通して認められる。実際には、インフォーマントやシャマンそれぞれによってさえ霊魂に関する説明や解釈には違いが見られる。ただ、人間の生死を霊魂の転生の循環系として組み立てられたこのような世界観は、シベリアにおける、なかんずく、トゥングース語系諸族のシャマニズムのもっとも大きな特徴であるということができよう。とはいえ、この世界観でさえ処々の地域的な集団やシャマン個人によって違いや異なる見解があるのも事実である。

一般にシャマンにとって重要な第一の要件は守護霊や補助霊である。そして、人はそのような精霊によって選ばれてシャマンとなる。守護霊はしばしば祖先の強力なシャマンの霊であり、補助霊は動物や神話的な存在などである。そして、シャマンの儀式は、特別な装束（衣服や帽子、靴、鏡や補助霊などの提げ飾りなど）を身につけ、太鼓や撥、錫杖を手に天界や地下界への旅をして、人間をとりかこむ自然界に介在する諸々の精霊と接触や交信をはかり、病気の原因と解決策を見出すことにある。超自然界の諸霊との交信は自らを精神的心理的に特別な状態（エクスタシー・トランス）に至らしめることによって可能になる。シャマンの観念では、病気は人から霊魂がいなくなったり、盗まれたり、あるいは、何か邪悪な精霊が送り込まれて侵害されることによって起こる。そこで、シャマンの役割は行方不明になった霊魂を見つけ出して病人に取り戻すことにある。アムール河下流域のウリチでは木や枯れ草、魚皮や布などで動物や半人半獣などの偶像（セヴェ）をつくり、シャマンはそれに病人の霊魂を奪った悪霊を閉じ込め、それをタイガのなかに捨てるか、納屋に保管して再び「悪さをしないように」時折供物を与えて慰撫することもあった。

また、上述のようにシャマンは上界へ上り、そこにある霊魂の樹オミア・モアニから小鳥をとってきて子どもを望む女性に与えることもできる。シャマンは霊魂を自由に操ることができたため、敵対する氏族のなかから狩人やシャマンの霊魂を密かに奪うことによって、相手を病気や死に至らしめることもあり、そうしたことが元で氏族間の争いだけでなく異民族との抗争が繰り返されたという話が伝えられている。

ところで、死者の霊魂を死者の世界へ送り届けることはシャマンの役割であった。ナーナイやウリチでは死後数年して大がかりな他界送りの儀礼が行われ、それには格別強力なシャマンが招かれた。そして、それを境に死者と遺族との絆は絶たれることになった。[15] ただ、注意すべきことは、シベリアでは死者の葬儀に必ずしもシャマンがかかわってはいない場合があることである。このことは個々の民族文化における葬制（樹上葬、埋葬、火葬など）について検討してみなければならない。シャマンの世界観という場合、留意すべきことは、ある民族のもとでさえ、シャマンがみな同じ共通の理解をもっていたかに考えることは誤りである。シャマンの観念や理解には個人差があって、どこまでが共通理解であるのかは実際にははかり難い。それは民族学研究の宿命的な限界といえるかもしれない。

四　南シベリアの諸民族では

アルタイ・サヤン山脈地域のテュルク語系諸族にはクト／クットが広く共通して認められて

いる。それは、文献では「霊魂」と表されているが、アルタイ（人）のもとでは生命力、豊穣、幸福の意で、人が驚いたり、意識を失うと、「クトが飛び出した」、作物の出来が悪いと、「大地のクトがいなくなった」という。テレウトではクトは胎児のことである。それは天神から降ろされてきて人の元となり、成長して、生命を支える。夫婦に子どもがいないと、「クトをもっていない」といわれる。ハカスではフト（khut）は生きている人間の「霊魂」をいう。それがいなくなると病気になり、戻ってこなければ死ぬことになる。クトはトゥバ、東シベリアのヤクートでも霊魂、生命力を意味する。一方、嬰児の霊魂は誕生から歩き、しゃべり出すまではウマイであるが、それ以降はクトになるという。その他、クトは人間ばかりでなく、家畜、獣、植物の生命力をも意味して、それを授けるのは自然の女主《ぬし》霊である[16]。

　一方、アルタイの神話観念ではクトは家畜の霊魂とされ、子どものそれはユラという説がある。大地には数多の主霊が満ちており、家畜の頭数や猟運が守られている。大地の主霊のほかに重要な役割をもっているのが湖の主霊ケルバルィク（ker-balyk）で、そのもとにユラ（子どもの霊魂・胎児）とクト（家畜の霊魂・胎児）がある。その胎児の霊魂をケルバルィクは息によってイエル・ス（天地を司る霊?）へ送ると、後者はそれをユルタ（天幕）にいる霊たちに届ける。それをユルタの霊ヤイィク（jajyk）が仲立ちをして火の母オトエネに渡す。こうして、火の母から家畜が増え、子どもが生まれるという[17]。

五　西シベリアの諸民族では

ところで、目や口が生命の誕生とする観念はシベリアの北方、タイムィル半島のガナサンにも認められる。ニルチ（niltì）は「霊魂」と訳されているが（これは後述のように鳥の姿で天から降下する）、その派生語 nilymty-nilymyty（ニルィムトィ―ニルィムィトィ）は「その人の生命、生命」の意で、生命を構成する主要な要素の総体を意味する。すなわち、心臓（se）、目（sejmy）、息（batto）、脳（die）、影（sydangka）、血液（kam）、内臓（korsa）だけでなく、さらに、分身魂（sidaranga）、思考（tynse͗a momde）をも含意する。そして、ニルィムトィは人間の身体の各部（髪、爪、唾、皮膚など）に在り、また人間が使うすべての物にも在るという[18]。

そして、G・N・グラチョヴァによると、この生命の構成要素を人間とすべての動物に授けるのは月の母（Kychada-njamy）であるが、この女神は養育には与らない。受胎の後、人間、トナカイ、その他の生き物を育てるのは大地の母であるという。新生児に身体を与えるのはNilu-lemy-ngo＝生命を授ける天、もしくは大地の母（Momde）という。別伝では、大地の母（Mou-njamy）は子どもに身体を授けて育て、Nilu-lemy-ngo はトナカイだけに関与するともいう。注目されるのは、アイヌの場合と同様に、この民族でも「目が生命」という観念があって、「目は子どもが母胎にある時に月の母が授ける」とも、また「大地の母は、雷鳥が卵を抱くように数多の目をもち、あらゆる動物に与える。腹のなかで目に肉が付き、肉が大きくなって身体ができる」とも言われている[19]。

西シベリアのオビ河下流域のケートでは、E・A・アレクセーエンコによると、イェト／エトという語が「生きている」を意味し、あらゆる生きものにはエトレス、つまり、生命力／息が具わっているという。この生命力を構成するのは、血液、心臓、肝臓、肺、胃である。また、人間には七つのアン／アヌン、すなわち、知恵・考えがあり、それによって人間は自然界から分かたれているともいう。

さらに、ケート語のウリヴェイは「霊魂」に当たるが、これについて民族誌の記述は区々であって、人間のもう一半（分身?）であるとか、身体の各部にあるとか、また常に人間と共にある、すなわち、影であるなどとされている。また、ウリヴェイは一つであるが、七つのアンを持ち、七様の姿になるともいい、その一つがクマであるという。ケートにはクマ送り儀礼があるが、この儀礼では狩人が仕留めたクマは、家族のもとへ戻ってきた先祖であるとみられ、それが誰であるかをクマの右前足を使って占う。

ところで、ウリヴェイについていえば、母の胎内にある子どもにはウリヴェイはなく、母親のそれと一つであるという。つまり、乳飲み子は「空の身体」であって、子どもに固有のウリヴェイが現れるのは歩きだす頃である。また、一説では七歳までの子どものウリヴェイは母親と同一であるともいう。このウリヴェイ・霊魂はその人とそっくりのミニアチュアで、身体、骨、思考をもっている。それは、また、水や他人の瞳に映る影でもある。病気や死はこのウリヴェイによって説明される。[20]

また、やはり、西シベリアの民族であるセリクプには、①ケイトィ＝息、②チカ＝影（死者にない）、③イリサト＝生命、生きる、生きている、がある。イリサトの外見は人と同じで、人から自由に離れると考えられているから、ケートのウリヴェイと同じような霊魂である。そして、それが「盗まれる」と病気や死にいたるとされている。因みに、ヴァシュガン河流域のハンティではイルトは子どもの霊魂をいう。[21]

第三章　はかなき生命

一　産屋のこと

今日、日本では出産は、健康保険制度や医療制度のもとで安全が確保されているといえるかもしれないが、それとてもきわめて最近のことである。人類史を通じて新たな生命は、どのようにこの世に生まれてきたのであろうか。シベリアの民族誌からは余り多くの手がかりは得られないが、日本列島に近接するユーラシア大陸の最東端にあたるアムールランド（サハリン・アムール河地域）では、近年まで出産が間近になると産屋が造られた。それは民族誌などによれば、いかにもにわか造りの粗末な小屋であった。

例えば、サハリンで親しく原住民と接触のあった、ポーランドの民族学者ブロニスワフ・ピウスツキは、次のように記している。「数本の棹を粗雑に接合し、古い樹皮や草で覆って切妻屋根をこしらえ、床には干し草を敷きつめるから……新生児を迎え入れるための『分娩室』というよりは、むしろ我らの犬小屋といった風情である」と。[1] 夏はともかく、厳しい冬の酷寒でも産婦はそこへ籠もって、介添えをする女性はいたに違いないが、自分で煮炊きをしながら、出産をした。アイヌでは出産は家の中だったようで、その時家族は屋外に退出し、屋内には産婦と介添えの女性たちのほか、家長が炉のそばで火の神に祈りを捧げた。気候の寒冷な時期にいかにも粗末な仮小屋の産屋で生まれてくる子どもが家族にとって喜びであったのかと、疑問に思わずにはいられないが、産屋や出産の習俗には日本でも、今からでは想像し難いようなことが知られている。

というのは、産屋は必ずしも、産婦や生まれてくる子どもに心やさしい情況ではなかったようである。長年にわたり多くの女性から聞き書きを積み重ねてきた野村敬子に、「産屋の夜伽」の一文がある。それほど遠い昔のことではない。

産屋は暗いところが良い。古くは土間にしきりをして子産みをした。戸板や筵でその非日常の領域を区切り、家人とは厳しい分別がなされていた。家によっては納戸をそれに当て、あるいは小屋の一隅に屏風を立てまわし、産褥をしつらえた。土間には囲炉裏が切られ、夜を通して火を焚き続ける。そうした場所には、必らず、夜伽をする女性の姿があった。母や姑、近所の女性など、腰抱きの女性が居続けて火焚きをする例などもよくみられた。(2)

そうして、夜通し火を焚いて昔話などを語りつづける夜伽の習慣は日本の各地にあったようである。それは生命を脅かす魔物や餓鬼などを寄せつけないためで、「語り続けると、赤児がそうした霊や魔などモノに狙われないとし、『オビヤが口で栄える』、即ち、『産屋が語りによって栄える』とも言われる」とある。シベリアやサハリンなど、産褥で昔話などを語りつづけて忍び来る魔物や悪霊を防いだという例は民族誌では知り得ないが、実のところ、夜伽の効果は、産婦や赤児のいる産屋が夜通し人の声と笑い声に包まれていることによって、魔物も蛇や獣なども近づけなかったということでもあろう。

二　生命を脅かすもの

見えない邪悪な力とは、民族学などの文献では一般に悪霊と呼ばれている。無事に生まれたとしても、赤児の生命ははかないものであった。それは今から一世紀以上も昔の北方地域の原住民社会の環境を想うなら無理からぬことと思われる。今日の私たちの社会で行われている妊婦と胎児に対する医療の保護からみるなら、そうしたことなどとは無縁な生活状況や自然環境での、出産と新生児の生命がどれほど不安定なものであったかは想像に難くない。確かに、どこでも人びとはそれぞれに安産と子どもの無事を願って、当然のことながら、涙ぐましい努力をしていた。一九二〇年代にサハリンのニヴフのもとで言語調査をしたE・クレイノヴィッチによると、妻の出産に際して、夫は狩にも漁にもいかず、綱や縄の結びを解くだけでなく腰のベルトさえも外して、安産を願ったという[3]。それは万が一にも胎児の首に臍の緒が巻きつかないようにというためであった。いわゆる類感呪術と呼ばれるこのような振る舞いが、どれほど無意味にみえようとも、そうすることによって、人びとは起り得るかも知れない不幸を未然に取り除こうとしたのである。

日本の北方、サハリンやその対岸のアムール河地域では、産婦は出産後もしばらくは子どもとその産屋に留まった。そして、例えば、生まれた子どもは産屋からすぐには家族のいる母屋へは運ばれずに、幾人か他人の女性の手に次々と委ねられ、やがて家族のもとへ帰ったという。それは子どもに取り憑こうとして執拗に跡をつけてくる悪霊を欺くためであった。つまりは、子どものはかない生命が死という悪霊に脅かされるという恐れから、赤児を抱きかかえる女性が違えば、悪霊が戸惑ってあきらめるだろうからである。同じようなことは遙か遠い東ヨーロッパでも報告されている。

一九二〇年代初めにロシア・カルパチア地方で民俗学の調査をおこなったP・G・ボガトゥイリョーフは、「子供の誕生と洗礼」と題して、その地方のさまざまな習俗を記している。そのなかにアムールランドの場合と全く同じことが見えている。

乳飲み子が相次いで死ぬような家に新しく子供が生まれたら、その両親は嬰児を親類や隣人に、あるいはそのほかの誰にでもやってしまう。母親が窓から子供を形式上の買い手に差し出し、買い手の方は母親に金を渡す。……子供の命を保つことのできない親は、生まれたばかりの赤ん坊を売ってしまう。子供を全員無事に育てている他所の女にその嬰児を窓から渡す。女はその子を買い取るが、パンをもって中庭に立ち、次のような言葉を述べる。「父親も母親も、この世でもあの世でも、この子との縁はいっさい絶たれたものと心得るべし。」やがて子供をその実の両親の許に連れ帰り、テーブルの上に置いてこう言う。「大きくおなり。だって、お前は私の子なのだから。」続いてその両親にむかい、「私のためにこの子を育ててください」と言う。子供には「売られっ子」という名前がつけられる。この子はその名で呼ばれねばならず、洗礼名を使ってはいけない。

この習わしを話してくれたジプシーのアンドレイ・スラビタには「売られっ子」の息子と娘がいる。子供を何人も亡くしているからである。しかし、その息子や娘は洗礼名で呼んでいる。(4)

ボガトゥイリョーフはこれについて次のように述べている。「新生児の両親が子供の売却を装い、その子を手放す体裁を取るならば、それまでその両親の許に生まれた子供たちに死をもたらしてきた力も、今度生まれた子供は別の親に帰属すると認めざるを得なくなるとする俗信である。その力というのは死を人間に見立てたもので、これは病気の擬人化と類似している。」そして、人を欺く装いをすることで、死を欺くことができると信じられているのであるが、注目すべきことは、窓から子どもを受け渡しすることである。「子供を何人も亡くしたことのある家では、嬰児に洗礼を授けてもらったあと、その子が無事に育つようにといって、そばにテーブルのある窓から家に入れる」とか「洗礼が済んで教会から連れ帰った子供を戸口から家に入れてはいけない」とあるが、子どもをテーブルの上に置くことは「食卓のように大切に思われる人間になるように」ということのようである。戸口から入れてはいけないということについて、「さもないと、いたずらっ子で泣き虫になる」という話が紹介されているが、真意はどうであろうか疑問である。

似たようなことは日本でもあった。大藤ゆきの『児やらい――産育の民俗』には、子捨てと拾い親のことが綴られている。

生まれた子が丈夫に育つかどうかは、親のもっとも心配なことであった。それほど満一年までの嬰児期に死ぬ子の数が昔は多かったのである。したがってこれに対していろいろな防御手段がとられた。熊本県阿蘇地方では、子育ちのわるい家に子が生まれると、近所の子育ちのよい家の戸口に生まれたばかりの嬰児を捨てる。捨てられた家ではその子を拾い、三日目の名付祝まで育て、神立祝の時に仮名をつける。捨てた夫婦はこの日酒一升と肴を持って、その子をどうぞ私たちにくださいといってもらいうけて帰る。こうすればその子はよく育つと信じられている。

長崎県南松浦郡樺島では、子どもが何人生まれても育たぬ時は、子どもをたくさんもった家に捨て子する。そこでひろってもらって、一、二日おいてから返してもらう。この拾い親をここではモライ親という。……

新潟県岩船群粟島では、ごくカエネイコ（弱い子）とか、人の死んだ日に生まれた子は、道ばたに一たんすてておいてからひろってくる。[5]

子どもに死をもたらす力は一般に悪霊と訳されているが、実際にはシベリアでもそれぞれの民族の語彙がある。古代の日本ではそれは物怪であった。それがどれほど人の生存を脅かしていたかを、紫式部は克明に記している。

三　命を脅かすもの——物怪

出産で生命が危機にさらされるのは母となる妊婦と生まれる子どもである。安産を願う気持はいつの時代も変わらない。『紫式部日記』には、一条天皇の中宮彰子が父藤原道長の邸に退いて、一条天皇の第二皇子敦成《あつひら》親王を出産する折の様子が日を追って事細かに記されている。それは寛弘五（一〇〇八）年八月中旬からのこととされている。今からおよそ一〇〇〇年余りも昔、平安時代のことである。

その記述が殊の外印象深いのは、出産という正に命の危機的な情況のなかで、往時の人びとが何を怖れ、それにどう対処していたかということが如実に明かされているからである。確かにそれは、平安朝の貴族社会、天皇家のことではあるが、その一部始終が克明に描かれている。口語訳は萩谷朴『紫式部日記全注釈上』による。舞台は京の土御門殿《つちみかどどの》の藤原道長の邸。

❶十日の、まだほのぼのとするに、御しつらひかはる。白き御帳《みちょう》にうつらせ給ふ。……御物怪《もののけ》どもかりうつしかぎりなくさわぎののしる。月ごろ、そこらさぶらひつる殿のうちの僧をばさらにもいはず、山々寺々をだづねて、験者《げんざ》といふかぎりは残るなくまゐりつどひ、三世《みよ》の佛も、いかに翔り給ふらむと思ひやらる。陰陽師《おんやうじ》とて、世にあるかぎり召し集めて、八百萬の神も耳ふりたてぬはあらじと見えきこゆ。御誦経《みずきやう》の使いたちさわぎくらし、その夜も明けぬ。

（傍点　荻原　以下同じ）

《口語訳》

十日の、まだほんのりと白みそめる頃に、（御座所が）模様替えになる。（中宮様は常の御帳台から）白い御帳台にお移りになる。……（その間中宮様にとり憑いている）悪霊をいい出して（霊媒に）移した、のべつやかましく大声をはり上げる。ここ何か月来、おおぜいのお詰め申していたお屋敷うちの僧侶については言うまでもなく、山という山、寺という寺を探し求めて、かりにも効験あるといわれるほどの祈禱師は残る者なく参り集まって、（いっせいに念誦するものだから）三世の諸仏もこれを聞いてどんなに（大急ぎで鳥のように）飛んで来られるだろうと（そのお姿が）思いやられる（注によると、三世とは前世・現世・来世の、ありとあらゆる仏の意）（また）陰陽師として世間に知られたものはことごとく呼びあつめて、（祝詞を口々にあげるものだから）八百万の神々も（何事が起こったかと鹿のように）ピンと聞き耳をお立てにならない方はあるまいと（その驚いたご様子が）拝見されるようである。（かと思うと所々方々の神社へは）御誦経の使いが一日中あとからあとから差し向けられる騒ぎで、十日の夜も明けた。

つまり、一条天皇の后である彰子の出産が間近になった夜の道長邸では、もう数カ月も僧侶たちが誦経をしているが、その日の明け方のころからは僧侶や神官、陰陽師たちの誦経や祝詞などの声が入り交じって響きわたり、その騒々しさは凄まじいものであった。その様子に大勢の仏たち、八百万の神々までが驚くほどだと、紫式部は皮肉交じりに眺めている。大勢の僧侶や陰陽師たちが集められて、それぞれが念誦や祝詞を唱えるのは正に安産祈願ではあるが、そのためには産婦である中宮彰子に取り憑いている物怪を払うために次のようなことがなされていた。

❷御帳のひんがしおもてには、うちの女房まゐりつどひてさぶらふ。西には、御物怪うつりたる人々、御屏風一よろひをひきつぼね、つぼねぐちには几帳を立てつつ、験者あづかりあづかりののしりゐたり。南には、やむごとなき僧正僧都かさなりゐて、不動尊の生

き給へるかたちをも、呼びいであらはしつべう、たのみみ、うらみみ、聲みなかれわたりにたる、いといみじう聞こゆ。

《口語訳》

（寝殿の東母屋の）御帳台の東面（の廂の間）は、内裏の女房たちがおおぜい参上して控えている。（御帳台の）西には、悪霊の移っている女たち（がいて）、（一人ずつ）御屛風一双をひき回し、囲みの口にはそれぞれ几帳を立てて、祈禱僧がめいめいに担当して大声で念誦していた。南（の廂の間）には、お偉い僧正や僧都が重なるように座っていて、不動明王の生きていらっしゃるお姿をすら呼び出してみせもしかねまじい勢いで、あるいは嘆願しあるいは愁訴し、聲がすっかり嗄れてしまっているのはなんとも恐ろしいまでに聞こえる。

内裏には大勢の女房たちが集められ、祈禱によって駆り出された物怪はその女房に憑く。そして、その女房各々のいる二帖一双の屛風の出入り口で験者が念誦してその物怪を祈り伏せようとしているのである（図8）。それほどまでに怖れ怯えるほどの物怪はどういうものであろうか。「もののけを駆り移す」ということについて、次のように記されている。

図 8　物怪を憑坐に移す祈禱（『荏柄天神縁起絵巻』森一郎 , 1994）

物怪また鬼気（モノノケ）などがきて、妖怪変化・死霊生霊（生ける人の怨霊）憑きものなどいふ類ひ是れなり。当時の人の迷信より来る事なめれど、病悩者、或は産婦等の、発熱苦痛に悩む者、譫言などいへば、忽ち霊の祟りなりと、自づからも思ひ他人もしか信じて、修験僧を請じ調伏せしむ。それには先づ病者に憑きたる怨霊などを別人に移らしむ呪法を修す。これを「かりうつす」と云ひ、この別人を「よりまし」と称しき。霊の憑（ヨ）り座（マ）す義なり。かくて怨霊あまた出で来れば、此の寄（憑）りましの人数をも、験者をも増して、各々一人づゝ寄（憑）りましを預かりつゝ、調伏の秘法を修せし事、この頃世情の風俗なりき。[6]

平安朝の貴族社会では邪悪な力を排除するため僧侶た

ちや陰陽師などによる誦呪が盛んになされたことは、『源氏物語』にも語られ、女性たちが物怪によって苦しめられ、また自ら懊悩する場面がある。そして、無事に生まれた赤児もまた、様々な念誦などによって周到にその生命が守られることになる。

四　悪霊を回避する

『紫式部日記』には続けて、一条天皇の第二皇子・敦成親王（後一条天皇）の誕生の後、朝夕二回の産湯を使わせる折の様子が記されている。

湯殿には道長が抱きたてまつるのであるが、そこへ向かわれるとき、侍女が随行して米をまきちらして邪気を払う。産湯を使わしている間には、「読書鳴弦《とくしょめいげん》」が行われる。

読書とは前庭で読書博士《ふみよむはかせ》すなわち紀伝道から二人、明経道《みょうぎょうどう》から一人、博士三人に『孝経』や『史記』その他漢籍中の一節を読ませる。鳴弦、弦打ちとは弓の弦を鳴らし魔除けをすることで、三人の博士は最前列に、西を上として北面して一列に並び、その後に鳴弦、弦打ちが二十人、二列に並ぶ。この御湯殿の儀は朝夕二回、七日間繰りかえされ、朝夕読書鳴弦のことが行われた。(7)

いたいけな赤児である皇子に魔物や邪気を寄せつけないよう、散米や読書鳴弦が物々しく繰りかえされたのである。読書鳴弦ではないが、ずっと後、近年も、赤児を護るために産婦の傍で夜を徹して昔話を語りつづけたということも、形式こそ違え、根本では同じ趣旨であろう。くり返しになるが、野村敬子によれば日本各地の産屋で火を焚き、産婦の傍らで昔話や笑い話を語りつづけたのは、赤児を盗もうとする魔物だけでなく、動物や蛇などの侵入を防ぐことにもなったという。

生まれた子どもの命は危ういものであった。懐妊から出産の前後、新生児に最新の対応や手当がなされる今日の医療制度のなかでも、出産は生命の危機をはらむ格別な場面である。その危機が人間の技量を超えた何者かの力に左右されるという恐れは多くの人間社会に共通する観念であり、その力を悪霊や物怪としてこれを排除しようとする努力がなされたこともまた当然のことであった。安産は人間社会でのもっとも一義的で普遍的な希求に違いない。

五　悪霊を陽動する——命名・汚穢な名など

生まれた子どもが直接父親のいる住まいに移されずに、幾人もの他人の手に預けられるのは、子どもはその家の子どもではないのだという事を、悪霊に示すためであった。また、産まれた子どもに眼をつけた悪霊を回避するために、アムールランドでは子どもは絶えず名前を変えられることがあった。つまり、生まれた子どもの名はAではなくBだと変えれば、悪霊はAを見失うことになる。成長の過程でも子どもの名はBではなくC、CからDというように幾度も変えられた。こうして生まれた子どもは悪霊の追跡をまぬがれて、無事に成長することができたのである。アムール河中流にあるコンドン村で会ったナーナイの五〇歳がらみの人なつっこい男性は、いろいろ話しているうちに、幼い頃にいくつもの名前をもっていたと言って、それを数えあげた。

子どもの名を変える習慣はかつて日本でもあった。井口樹生は「日本人の命名の思想」という小論のなかで、次のように述べている。

元服して、幼名・童名から、実名・烏帽子名にかわることとは、武家では普通であった。牛若丸の義経、虎之助の清正、竹千代の家光など、一人前になっていわば人間の名・男の名を名のったのである。童名は、ともすると人の忌み嫌う名をつけることがあった。王朝の女性の名はほとんどわからないのであるが、和泉式部の童名を御許丸と言ったという伝えが、『三十六歌仙伝』にある。これなど珍しい例だ。「まる」「まろ」は男性占有のようだが、元来はきたない名である。「ゆまり」「屎まる」など排泄をいう語で、今日でも残っているこの系統の語は「おまる」である。貴人の子は神に魅入られやすかった。それでわざときたない名を付けたのであるが、早く忘れられて、麻呂は貴族の名になり、貴族の一人称のように使用されるに至った。……

名は生命・霊魂につけられるものであったこと、今昔貴賤を問わないのであり、生命・霊魂につけられる以上、人生の幸福の希求からはずれることがないのである。(8)

子どもに汚物の名をつけるということは、他にも共通して認められる。南シベリアのアルタイ・サヤン山脈地域にいるアルタイには長大な英雄叙事詩がある。その一つに「コギュデイ／コグデイ」という主人公の物語があるが、この「灰(蒼)色の犬」という意味の名は、もしかすると、始祖の動物に由来するとも考えられるが、やはりその名をもつ者を「邪視」から護るための「どうと言うことのない」名であるかもしれないという。

東シベリアのサハでも二〇世紀以前には子どもには渾名がつけられる習慣があり、そのなかにはお守りとしてつけられた、例えば、「Saakhryi」(うんち)というような汚い名が多くあったという。そうした名は次ぎつぎに子どもに死なれた親が、新たに生まれた男の子につけたのである。同様のことは西シベリアのハンティ・マンシにもあって、子どもがちょくちょく死ぬようなときには、両親は生まれた子どもに「ハエ」、「ゴミ」というような名をつけて生きのびることを願った。どこでもいたいけな子どもは悪霊に魅入られてはかなくなったのである。(9)

こうしてみると、子どもの死は悪霊などによってその霊魂が奪われるからということになるのであろうか。井口の指摘にあるように、名前は生命・霊魂につけられたということはシベリアでも、またカナダのイヌイットについても指摘されている。(10)

六　子どもの死

生と死は、殊に出産に際しては、隣あわせである。幸いにして生まれた子どもにしても、北方のシベリアでは無事に歩けるまで育つことは当たり前ではなかった。本稿の冒頭に記したように、生まれた子どもが次ぎつぎに死んでしまうことは稀ではなかったのである。サハリンのニヴフでは、幾人もの子どもが生まれては死んでしまうことに絶望した父親が、死んだ嬰児をこともあろうに、石のなかに閉じ込めてしまったという悲劇的な例が記録されている。また、大人の場合のように火葬にしたという例もある。それほど昔のことではない。誕生前に死んだ嬰児は小鳥のように装って葬る習わしであったというにもかかわらずである。

改めて、長い人類の来し方を想いやると、よくぞ人が今日まで生き長らえてきたものだと感慨を深くする。ユーラシアの広大な大地の諸処には先史人類の足跡が遺されており、考古学ではそうした遺跡が多く調査され明らかにされてきている。確かなことには、その遙か遠い先人たちの生を現代の私たちは引き継いできているのである。

第四章　霊魂の鳥（1）——樹上葬

一　嬰児の樹上葬

古代にまで視野を拡げると、ユーラシアの内陸部には大きな墳丘（クルガン）や石人像がみられ、東アジアから日本には古墳の伝統がある。墳丘や古墳にはそれぞれ特徴があって、造営の背景や被葬者・副葬のことなど葬制の事情は異なるが、その時代や文化を担った人びとが生と死をどのように観念していたのかはいろいろに推測されてきた。生命のこと、生と死は時代を超えて人類に普遍的な最大の関心事である。ところで、民族学が対象にできる時代はそれほど遠い過去ではない。そして、私たちはその過去の文化的な伝統や観念を受け継いできていることも確かである。地球上の生命の起源を問うことは、今日宇宙科学の最大の課題のひとつであるが、他方、生命の誕生では現代の医療技術は神の手を代行することにもなってきている。それはそれとして、子どもの誕生には人の常として人智を超えた力にもすがる気持を現代の私たちも持ちつづけている。

子どもの生命がどのように授かるのかということについて、シベリアの諸民族にはさまざまな観念がある。子どもの誕生の本質的な要素は、一般的に霊魂とみなされている。たいていの場合、その霊魂は天界や天神などから地上の人間に降下され、女性の母胎に宿ることになっている。その霊魂が死者のそれであるという場合も稀ではない。亡くなった祖父が孫に再生するということの他に、西シベリアのケートでは先祖が熊に再生するとされ、仕留めた熊が誰の再来であるかを占いで詮索する。生命の誕生は死と、死は誕生と結びついている。

ところで、シベリアでは霊魂の姿を小鳥とする観念が広く認められる。先の章で明らかにしたように、それはアムールランドの諸民族では殊に顕著であって、生まれてくる子どもの霊魂の小鳥は地上の樹に降りてきて、やがて母となる女性に宿るという。ただ、生まれたその子どもが無事に育つことは容易なことではなく、歩けるようになる前に亡くなるのは稀ではないどころか、シベリアの民族誌からはきわめて通常のことでもあったことが知られる。そうした幼い子どもは小鳥のように装われて樹上に葬られたのである。小鳥の姿でこの世界の人間に宿った霊魂は、死して再び「鳥の姿」となって樹上に葬られたことが知られている。

アムール河流域のナーナイ出身の民族学者E・A・ガーエルは「ナーナイにおける子どもの埋葬」という小論で、嬰児を葬ることについて、次のような聞き書きによる貴重な記録を残している。

生まれる前の子どもや一歳に満たない嬰児の霊魂は、小鳥の姿で氏族の樹に宿っている。子どもがよく死ぬ家庭では親は鳥の巣を編んで、それを窓の上の廂においておく。それに小鳥がやってくれば、それは死んだ赤ん坊が戻ってきたという喜ばしい証で、母親はその近くに母乳をしぼって注ぐ。こうして母親は亡くなった赤ん坊の霊魂を養うのである。この決まりは特に第一子が亡くなったときにはしっかりと守られる。というのは、死んだ子どもの霊魂が迷っていると、その後には子どもができないかもしれないからである(1)。

生まれくる生命である霊魂が小鳥の姿で山上の氏族の樹に憩っているのだという観念は、アムール河地域の諸族では共通した観念である。その樹は、例えば、いずれ母親となる花嫁の衣装の背に見事に刺繍されている。その樹は氏族の樹であり、また生命の樹でもある。

大人と子どもの霊魂の違いは葬制に反映されている。誕生前に死んだ子どもは樹の上や樹の洞、台架の上に安置される。そうすれば子どものか弱い霊魂は容易に氏族の樹へ飛んでいくことができ、その後にまた母の母胎に戻ってくるという。ガーエルによれば、ナーナイでは死んだ子どもの死装束は次のようになされる。

まず、嬰児を室内の左側の高床に仰向けに寝かせ、両手は両脇に添わせる。そうして、死装束のまえかけを作る。それには真ん中に軟玉の環を取りつける。その環にある穴を通して死んだ赤児の霊魂は息をし、食べ物をとることができる。こうして、赤児は遺族たちとつながっている。頭のところには赤児の食事であるお乳が（母親は定期的に乳を搾る）特別な器に入れておかれる。赤児が離乳食をはじめていれば、それが供えられる。この食事の交換は、生きているとしたら授乳するであろうタイミングに合わせられる。嬰児の死装束はまさにその霊魂の観念を表したものである。

遺体は魚皮で繭のようにくるみ（後には布に包んで縫い合わせた）、頭の上、背中、両方の手足にはカモの羽を縫いつけた。この身づくろいにあたるのは他の氏族の者たちである。それが済むと、家族たちは死者との別れをする。その後、カモの羽を縫いつけた遺体は、丹念に用意された白樺樹皮に包んで、ヤナギの樹皮の繊維《ひも》で縛って、樹の二叉もしくはそこへ設けた台架に安置する。ときには樹の洞に葬られた。赤児の遺体は母親が新たに妊娠するまでは、地面に降ろさない。というのは、その妊娠は子どもの霊魂が母の胎内に戻ってきたということになるからである。(2)

このナーナイの場合と同様に、ニヴフでも一歳未満の赤児の「霊魂」は死後母親の胎内に戻ってきて再生すると考えられ、その遺体は火葬にせず、樹上に置かれた(因みに、極東地域では火葬はニヴフとカムチャトカ半島のコリャクで行われていた)。それには、ナーナイの場合と同様、遺体を白樺樹皮に包んで樹の洞や二叉の枝の上に安置した。また、白樺樹皮にくるんだ遺体を、半割りにした丸太の中を刳り抜いた「棺」に納めて、樹の高いところに置く場合もあった。サハリンのエヴェンキとウイルタでは死んだ赤児の棺は樹の枝に吊るした。近年にもそのような子どもの棺がカラマツの枝の間に吊され、それにトナカイの轡《くつわ》がつけられていたという実見録がある。このような赤児の樹上葬はアムールランドでは広く共通にあったことになろうか。

二　霊魂の樹

死んだ子どもを樹上に葬るという葬制の背景には、前章で明らかにしたように、生まれくる生命・霊魂が小鳥の姿で宿っている樹があり、そこからこの地上に飛来してくるという観念とかかわりがあろう。それは特にアムールランドのトゥングース・満州語系諸族において顕著である。ナーナイの考えでは人間にはオミヤ、エルゲニ、ファニャという三つの霊魂があり、赤ん坊の霊魂であるオミヤは、子どもが一歳未満で亡くなると、それは大人のように死者の世界である他界（ブニ）へは行かず、天（ボア）へ飛んで行って、そこの大樹（オミヤ・ムオニ）に小鳥の姿となって止まるという。

その樹とは氏族の樹、生命の樹である。それは先述のように、「天にある女神オムソン・ママのくにに生えている巨大な樹である。どの氏族にも固有の樹があり、その枝にはその氏族の人びとの霊魂が宿っている。まだ生まれない人の霊魂はチョカという小鳥の姿をしており、それが地上に降りてきて女性の身体に入る。どの樹にも雌雄のチョカが同数ずついる」という。この樹にやどる霊魂の小鳥はニツェとも呼ばれ、この霊魂の王国はオミア・ボアニもしくはドーンコニと呼ばれている(3)。

そして、くり返しになるが、もしも、生まれてきた子どもが一年足らずで死ぬと、祈願することによってそのオミヤはもう一度同じ母親のもとへかえってくるという。

ナーナイでは太陽と大母神オムスン・ママとは天にあるようである。地理的にナーナイに近い沿海州のウデゲでも、子どもの霊魂を授けてくれるのは女神のサグジ・ママ（大おばあさん）である。彼女は山上の高いところにある樹（フイガ）の巣（オメ）に子どもの霊魂をもっており、生まれた子どもの健康や幸福な生活、生育に関心を払い、見守っている。そして、もしも、子どもが両親に十分面倒を見てもらえずに病気になると、その霊魂を奪い返して保護するという。つまり、親の養育不行き届きのために子どもは死んでしまうということになる。(4)

アムールランドのサグジ・ママ、オムスン・ママに共通する大母神は中国東北部のホジェン（赫哲族）や満族にも認められる。この両者の言語はアムールランドの諸族の言語と同じトゥングース語に属し、ホジェンの居住地はアムール河（黒龍江）の支流ウスリー（烏蘇里）河、スンガリー河（松花江）の流域である。満族については古くに採録された伝承『ニシャン・シャマン』が知られている。そのなかに、やはり子どもの誕生にかかわる大母神の姿が映されている。この伝承ではニシャンという女シャマンが大母神オモシ・ママの宮殿を訪ね、彼女と会う一部始終が語られている。

真っ白な髪をしたそのオモシ・ママは宮殿の真ん中にいて、……その両側には十人以上の女がいた。そのある者たちは子どもを背負い、ある者は腕に抱え、ある者は小さな子どもをつくっている。また、ある者は子どもをどんどん押し出し、ある者は袋に入れ、ある者はそれを肩に担ぎ、東の戸口から運びだしている。そこで、ニシャン・シャマンは自分がシャマンとしてこの世に送りだされたこと、また、すべての人びとはこの世での人生を運命づけられていることを聞かされる。さらに、ニシャンは案内されて、美しい五色に輝く林をみる。(5)

それについて、こう説明される。

オモシ・ママが誰かを貴方（ニシャン・シャマン）の世界へ送るときには、彼女はここから柳の枝を折って、きれいでないもの、汚れた馬や牛を食べたことのない者〔前世でのことか？　荻原〕を送りだす。それゆえこの林はよく生育して、オモシ・ママの子どもの花は美しいのだ。(6)

柳の枝とはオモシ・ママの館にある林の木の枝のことで、生まれてくる子どもの魂は無垢であるということであろう。やはり、トゥングース研究の先達シロコゴーロフによれば、この樹からシャマンが儀式で霊魂をとる際に用いるのは白、赤、青、黄、緑の五色の紙の造花をつけた柳の枝であって、「子どもの霊魂はそのような美しい樹に宿っているのだ」という。(7)

子どもの霊魂が、大母神オモシ・ママのもとにある樹の枝に咲いている五色の花にたとえられているのは、明らかに満族における中国の紙文化によるものであろうと思われる。

霊魂の宿るオメについて、ウデゲではナーナイとは異なり、「各々の女性には自分の樹(フイガ)があり、それには小さな夜の蝶ゴボドの形をした子どもの霊魂があるが、その子どもとは彼女が一生の間に産むことになる子どもたちである」と考えられている。

このような、天界や山上にある樹木の枝に、生まれくる生命が憩っているという霊魂観は、造形としてナーナイやウリチなどの花嫁衣装の背面の刺繡に表されている。その下半身には二本の樹が表され、左右シンメトリーに張った枝のそこここには異なった形の鳥が刺繡されている(前掲図7参照)。その図像は花嫁の「生命の樹」であるのか、あるいは夫の「氏族の樹」であるのか定かではないが、いずれにしても生まれくる生命・霊魂を象徴してはいよう。

三　樹上葬の問題

ユーラシアでさまざまな葬制がみられるなかで、特にシベリアでは樹上葬ないしは台上葬が広く共通している。それは、概して狩猟民文化と遊牧牧畜民の領域である。一方、朝鮮や日本にもかつて樹上葬があったことを窺わせる事例がある。大林太良は『葬制の起源』のなかで、奄美大島で「巫女《のろくめ》が死ぬとその屍を櫃《ひつ》にいれて樹上に掛け、三年のあいだ、風雨にさらしたのち、遺骨を石櫃に入れて安置した」という記事を紹介し、また、「各地にある骨掛けの木、棺掛けなどという習俗や伝説が日本における樹上葬の可能性を示唆している」と述べている。一方、朝鮮にみられる樹上葬は特定の病気による死者のためで、「京畿道では、天然痘で死んだ者は、……天に奉る意味で、三、四日間木につるし、そのあとで埋葬する」が、それによってその家で同じ病気の続発を防ぐという。また、「百日咳にかかって死んだこどもの死体を筵包みにしてつるしたが、それはこの死体を風葬すれば、他の病人が全快するという俗信のためであった」などとある。(8) 朝鮮の樹上葬は病死者が対象であるらしい。

樹上葬がシベリアで多くの民族にみられたことを、古くにG・ニオラッツェが一八九〇―一九一一年の文献に基づいて次のように記している。「死人を樹上に懸吊《けんちょう》し又は杙《くい》上に置く風習が総てのシベリア民族に存したこと並に今日尚他の埋葬風俗と共に其痕跡が若干の民族にみられる……例えばヤクート人、ツングース人は馴鹿の皮に縫い込んだ屍を樹上に懸吊した後死霊が下りられぬようにその小枝を伐り払う……ユカギル人、ユーラク人、カラガッス人、オロチョン人、ドルガン人、ソヨート人、ギリヤーク人、サモイェド人等がそれである。」そして、その解釈として「死骸を樹上に懸け、埋葬も火葬もしないという今迄不可解なこの風習の説明は従来のように地及び火が死骸により穢れるという解釈に求めるよりも、霊魂が人體の死没の後も之と一緒に留まるが故に死骸を埋没若くは焼却すれば霊魂も亦之を共に滅びるので、之を敢てせぬという原始的観念に之を求める方が正しいようである」という[9]。

大林太良は樹上葬・台上葬が北アジアに広く一般的であり、それが行われている民族のところでは、「天上他界の観念が支配的である。それと並んで――多くの場合、鏡像のようにアベコベの世界の――他界としての地下世界の観念もある。しかし、……天の他界の報告の多くにおいては、霊魂が天に由来するという観念が結びついて現われる」と示唆している[10]。

ただ、ここでいうところの天上他界が具体的にどのように考えられているのかは、必ずしも明らかでない。ナーナイの嬰児の樹上葬についていえば、その霊魂は天界にある巨樹に回帰するかのように考えられている。そこが天上他界ということになるのだろうか？ ともかく、不幸にして子どもが一歳にもならずに死ぬと、その遺骸は白樺樹皮や布にくるまれて、白樺樹皮や半割にした丸太の棺に納め、樹上や木の洞に葬る。子どもの霊魂は鳥となって樹を介して天界へ帰るか、もしくは再び母親の胎内に戻ってくる。

人の霊魂が鳥の形象として考えられていることは、アイヌ神謡にも例がある。知里真志保によると、「死者の霊魂が小鳥になっていたので、それを捕らえて薬液の中で洗って死者の口の中へ入れて、その死者を蘇生させた話がある」という[11]。これは説話のなかでの話である。

アイヌの場合について、久保寺逸彦の「北海道アイヌの葬制」に死産した嬰児と妊婦の死の場合のことが記されている[12]。

> 流産した胎児、早産、難産によって窒息状態で生まれた嬰児は、蘇生することがあるかもしれないので、産婆 ikoinkar-mat が、之を箕 mui にいれて、戸口のところへ持ち出して、e-suye（揺り動かす）する。そして、「E-rai na! yai-nupa, uōi! E-rai na! yai-nupa, uōi!「汝は死んだね！ 息を吹き返せ！ ウォーイ！ 汝は死んだね！ 生き返れ！ ウォーイ！」と叫びながら、暫くの間、穀物などを箕で簸《ひ》る様に、揺り動かすのである。それでも、どうしても蘇らない場合は、屋内に入れて、略式の葬儀を行って埋葬する。この場合、「死者への告辞 iyoitak-kote itak, o-itak-koteitak」を述べるにも、ただ「火の女神 Kamui-huchi」に述べて、死んだ赤児のことをよく頼むだけに止める。赤児に o-itak-kote しても、言葉を解し

得ないからだという。
その場合の o-itak-kote の辞の一例を挙げることにする。

……我が水子（a-kor wakkapo）の清浄な魂（pirka ramachi）をあなたの衣の裾にしっかり入れられてから　この壮年の婦人（母たる妊婦）の腹中に再生する様に Mosir-kor huchi! 国土の主なる媼神！　Iresu kamui 火の女神様！　よろしくお取りなし下さい。

（新平賀、エテノア媼に依る）

つまり、その嬰児の霊を、再び、もとの母体に再生させてもらうよう、「火の女神」を介して、「国土の主なる媼神」に祈願するのであるが、この媼神のことは明らかでない。大事なことは火の女神はイレス・カムイ、つまり、子どもを育成する神と呼ばれていることである。火の神が子どもの養育に与る神でもあることは、南シベリアの諸民族の祈祠でも同じようである。

第五章　霊魂の鳥（2）——鳥竿

一　チャンスンとソッテ

韓国の村の写真でチャンスンとソッテとはもっとも印象深いものである（図9）。チャンスンは二本の木柱の上部に人面を刻し、下部には天下大将軍、地下女将軍などの文字が記された一対のものである。この文字の表記にはいろいろ別種がある。秋葉隆の『朝鮮民俗誌』によると、「日本人はこれを天下大将軍と呼んでいるが、正しくは朝鮮語でチャンスンと呼ばれるものである。この名称は古く新羅時代の金石文や高麗朝の文献に出て来る長生・長生標・長生標柱・長生標塔などの長生《チャンスン》（chang-saing）、李朝の文献に見える長栍の転訛らしく、尚、この外に色々な異称が、現在、所々に残っている」[1]。

このチャンスンの傍にはソッテがあり、文献には蘇塗とみえる。朝鮮民俗学の研究者依田千百子の『朝鮮の祭儀と食文化』には、「ソッテはチャンスンと共に集落の入口を守護する役割をもつものであるが、『魏志』韓伝には、また諸国にはそれぞれ特別な地域があり、蘇塗とよばれている。（そこでは）大木を立ててその木に鈴や鼓をかけて鬼神に仕えている。さまざまな逃亡者がその中に逃げ込めば、決して外部へ追い出したりはしない」とあり、また、「諸説ではこの蘇塗が鳥竿つまり、鳥の彫像をつけた神竿とみられている」という。鳥竿の起源は古く、

図9　韓国のチャンスンとソッテ
（国立民族学博物館。筆者撮影）

「三世紀頃の忠清南道大田地方出土の青銅小板の宗教儀器に描かれた樹上の鳥は、村の入口にチャンスン（長生、魔除けの木偶・里程標）といっしょに立っているソッテ（蘇塗、集落守護神）」であろうという[2]。また、戦前に現地調査を行った秋葉は「長生の異名水殺防によく似た名の「水殺竿」というものが往々長生と一緒に、または独立に立っていることがあるが、それは長細い木

柱の上に木刻の鳥の形をつけたもので、鳥は多く鴨であるといわれ、同じく殺を防ぐ意味をもったもので、それを長生といっしょにする所がある」と記している。そして、秋葉は鳥竿の類例として朝鮮半島に近接する極東のトゥングース語系諸族、西シベリアのオスチャク、内モンゴルのオボに付随する神竿を取りあげ、その分布が広くユーラシアにあることを指摘し、比較研究の要を説いている(3)。

以上のことから、朝鮮における蘇塗・ソッテがいわゆる鳥竿であることが明らかである。依田は『魏志』の記事に関連して、蘇塗は「鳥竿と世界樹という二つの側面をもった聖柱ということになる。両者は天神の観念、鳥類との結びつき、立竿（柱）の形態をとる、といった共通点から、往々にして混同・習合されるにいたったことは当然のなりゆきであった」と述べ、さらに、蘇塗が天神・鳥類と結びつくというのは、高句麗始祖朱蒙伝に語られている挿話に基づくという。すなわち、「朱蒙が北夫余を逃れて国覓《くにま》ぎに出かけるとき、母神から五穀の種子を授けられるが、麦の種子を忘れてしまう。それをあとから二羽の鳩が追いかけてきて、朱蒙に届けた」とあり、樹上の鳥は「朱蒙の母の別態、あるいは使者である二羽の鳩」という解釈で、それは「南部の水稲栽培地帯を中心に正月一五日に竿頭に五穀の種子や餅をいれた藁苞をつけて豊穣を祈願する『禾積《ペッカリ》』という農耕予祝の立竿儀礼」に反映しているという(4)。この記述からは日本や東アジアの古代文化に関連して広く問題が導きだされている(5)。

もう一つ留意すべき議論は、「村の防御とする水殺竿、鳥は多く鴨といわれ、これをも長生」と言われているところがあり、鳥竿はチャンスンと同一視され、村の守護神とみる見方である。鳥竿とチャンスンとはかならずしもセットとして併存しているわけではなく、また、鳥竿とは別に祭では神の依代として竹や松、桃の木に白紙や飾りをつける神竿がつくられるという。つまり、神竿は鳥の造形を伴わない場合があるということである。鳥竿について崔吉城はシンポジウムの報告「韓国における鳥竿」のなかで、「小正月に鳥信仰、婚姻式での木雁、吉鳥の鵲（カササギ）、バリ公主物語にでる烏と鵲はあっても、鳥を祭る儀礼はほぼない。……ソッテにしろ鳥は必須なものではない」と云い、民俗としては「木を神として積極的に機能させた神竿」の意義を強調しているが、これは鳥竿とは別の話のようである。[6]

このように、韓国における鳥竿ソッテに関連しては、いくつか類例があり、またそれには村の守護神とするだけでなく、麦の起原や農耕儀礼とも結びついた特徴などが指摘されている。ところで、竿の先に鳥がのった鳥竿は、その類例がひろく中国東北部からシベリアの各地にあり、殊にシャマンに関連しているようである。

二　鳥竿とシャマンの補助霊

シベリア諸民族に広く認められるシャマニズムはその社会生活や文化のなかで大きな位置づけをもっていることは確かである。そして、ユーラシア、特に、シベリア研究では、シャマニズムは、もっとも主要で魅力あるテーマのひとつとして、古今東西多くの議論がなされ、研究が蓄積されてきた。しかしながら、そのなかでは殊にシャマンに焦点が当てられ、その成巫過程からはじまり儀礼や儀式、社会的な役割などについて、調査や事例にもとづく分析や比較が顕著な特徴となってきている。シャマン研究は確かにシャマニズムの研究の重要な側面ではあるが、そのすべてではなかろう。鳥竿と鳥に着目しながら、シベリアの諸民族文化に当たってみると、まず、その多くがシャマンに関連していることが見えてくるのは事実である。

シベリアのシャマンにとって、鳥はさまざまな役割をもっており、またそれは世界観のなかに表出されている。例えば、サンクトペテルブルグにあるロシア科学アカデミー人類学民族学博物館やロシア民族学博物館には膨大はシャマニズム関係のコレクションがあり、その資料はしばしば国内外の展覧会で公開されている。(7) そのなかには、これまでのシャマニズム研究で必ずしも関心を向けられてこなかった資料でありながら、本質的には非常に重要な意味をもつと

図 10　エヴェンキ（オロチョン）のシャマンの護符
ワシ
（図 10-15 は全て РЭМ, 2006）

図 11　エヴェンキのフクロウ
シャマンを悪霊から守護する

思われるものが少なくない。例えば、シャマンの装束は民族や地域によっても特徴を異にし、また、シャマンの力量や階梯的な違いによる差違、男性と女性による違いもあり、その広い多様性を一般化して論ずることは容易なことではない。

　装束のなかでも冠帽、衣装、手袋、靴について、また、必携の道具である太鼓と撥、錫杖などについてみるなら、その細部にはシャマンの世界観が丹念に表出していることが知られる。その他に、シャマンに関連するもののなかでもっとも主要な要素は補助霊などの多様な造形であり、それにはさまざまな鳥像が大きな比重を占めている。補助霊の鳥はシャマンの異界への旅を先導し、その身を守護して悪霊や敵対するシャマンを排除し、あ

図12　エヴェンキのシャマンの衣裳
胸の鳥はアビ

図13　エヴェンキのシャマンの太鼓の内側
飛ぶアビ

るいはシャマンの使者として霊界へ赴く（図10、11、12、13）。守護の補助霊はさまざまな素材で造られているが、特に、鳥獣や魚を鉄で象った補助霊が衣服に縫いつけられ、シャマンはあたかも鉄人のごとく鎧に包まれる観がある。このことに関していえば、エリアーデによって論じられたように、シャマンと鉄鍛冶師には深いかかわりがあることも一般に知られていることである。

シベリアでは、鳥竿はしばしばシャマンの天幕や聖所、墓所に立てられるようである。西シベリアの例ではシャマンの橇（墓）に鳥竿がみられるが、その役割については必ずしもはっきりしていない（図14、15）。また、特異な鳥の造形には病気の治療に関連するものがある。そのような鳥は病その

図 14　ネネツシャマンの橇

図 15　アルタイシャマンの聖所

ものとみなされているようで、いわば病の依代であるその鳥像を慰撫することが病人の病を治療することになると考えられているようである。

三　ラスコー洞窟の鳥人と倭建命の間

鳥竿の鳥を念頭に、想像を働かせると、ヨーロッパの後期旧石器時代の洞窟絵画にある『鳥人』と呼ばれている画像が思い当たる（図16）。それは、フランスの西南部ドルドーニュ地方ヴェゼール渓谷にある長大なラスコー洞窟にある。この洞窟絵画の年代は約二万年前頃と想定されている。ここに、頭を下げ突進態勢（？）にある大きなバイソンに向き合って、体をのけぞらせているように見える鳥頭の人物像がある。この図像は狩猟の場面で、バイソンはすでに仕留められ、その後脚の辺りから下がっている数本の太いループ状の線は「とび出した内臓」と説明されている。[8] そして、この鳥頭の人物像（？）、すなわち、鳥人については、バイソンの犠牲になった人物の「トーテム」を表しており、ペニスは男性であることを示しているに過ぎないという解釈、そうではなく、鳥人に変身したシャマンが夢想のなかで動物と闘っているというような解釈がなされている。[9]

その鳥人像の下には棒の先についた鳥が描かれている。「鳥人」は一般にシャマンとみなさ

図 16　ラスコーの壁画、雄牛と鳥人？、左下は鳥竿か？
（Jean Clottes and David Lewis-Williams, 1998）

れている。果たしてそうであろうか？
　問題はそこで一般に論ぜられているシャマニズムである。およそ三万五千年前——一万五千年前のヨーロッパの後期旧石器時代、洞窟に生活しながら、その壁面に巨大な動物の写実的な画像などを遺した人びとにおけるシャマニズムとは、一体どのように想像したらよいだろうか。それに関連して説かれている美術史家の議論は通常、現今世界各地でみられるシャマンとの比較に基づいている。しかしながら、南フランスからピレネー山脈、スペインの地域に数多くある洞窟の絵画や刻線などの造形は、どこでも起伏や高度差のあるくねくねした長い洞窟のなかの壁面や天井にある。それは決して平板

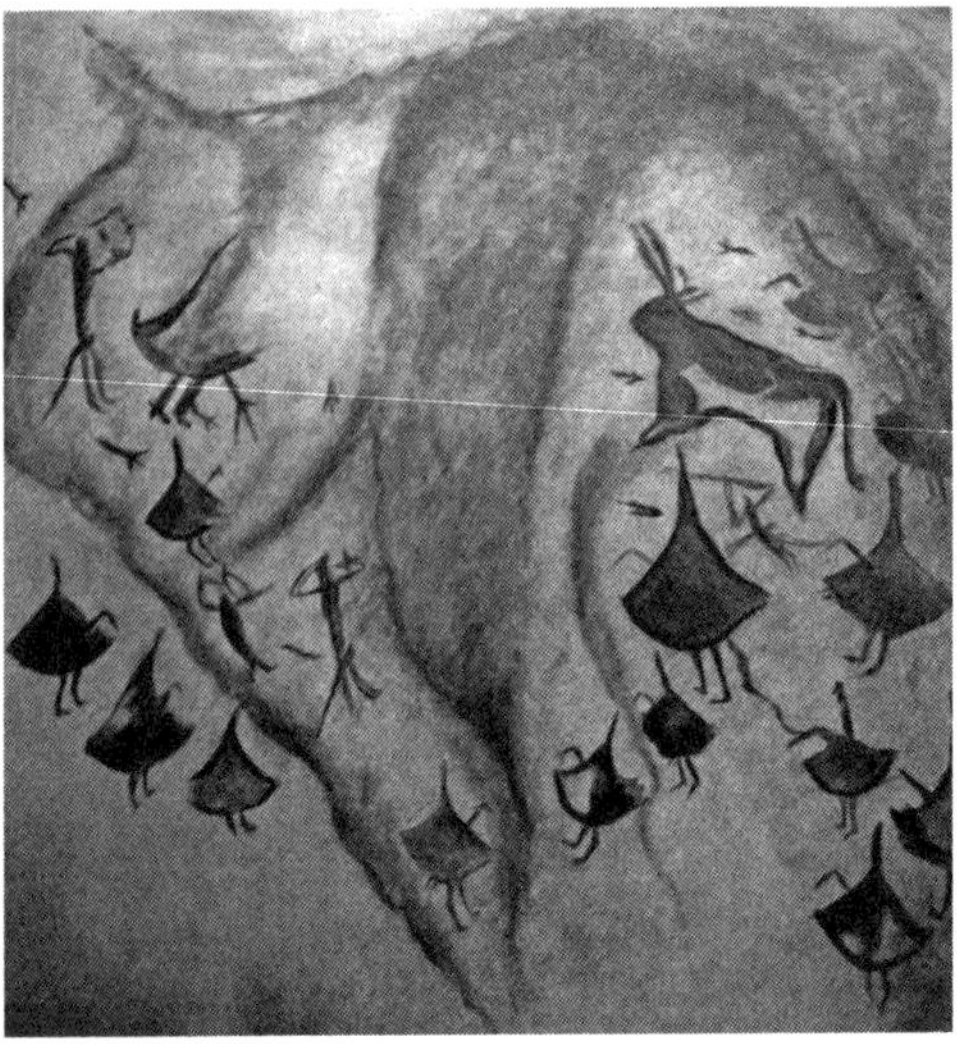

図 17　ウズベキスタン、ザラウト・カマル洞窟の壁画（Формозов, 1969）

なキャンバスではない。描かれている絵や造形のモチーフは多様で、しかも洞窟の各所での作成には大きな時間差が想像されるし、また、そこに生活した人びとの集団はどれ程か多種多様に異なっていたであろう。数万年にわたって描かれたその豊富な作品を、全体として分析や議論の対象とすることは土台無理な話である。洞窟絵画からくみ取ることのできる問題は限りなく興味深い。絵を描くことには何か積極的な、特別な意味があったに違いない……そのことを、問うてみなければならないであろう。先史人類の創作は、南アジアでもシベリアでも、各地の洞窟や河岸の岩壁や岩石に残されている。洞窟に描かれた鳥人についていえば、時代は下るが、ウズベキスタンのザラウト・

カマル洞窟にも有角の動物を囲むような鳥人らしき群像が見られる[10]（図17）。

鳥は神話や伝承では広く、また、さまざまに登場する。そのテーマや話型にはある程度の民族的、地理的な特徴を認めることができる。シベリアでは水鳥が大地の最初の土塊を原初水界の水底からもたらしたという神話（潜水神話）が西シベリアのフィン・ウゴル系諸族に拡がっている。特定の鳥については、ワタリガラスの神話群は北東シベリアからアメリカの北西海岸にまで認められる。東シベリアのサハでは鷲はシャマンの起源と関連し、英雄叙事詩オロンホでは、しばしば英雄やその敵対者が鷲や鷹に変身して闘う場面が語られる。世界が卵から生成したとする卵生神話もまたフィンランドの叙事詩カレワラや朝鮮の建国神話にも見られるなど、鳥の神話・説話は多様である。

シベリアの諸民族の社会や文化のなかで鳥の存在は突出して大きな位置を占めているように思われる。日常生活における衣食のなかでも鳥は深く人間にかかわっている。水陸天空を飛翔する鳥は創世神話のなかにさまざまに登場する。その可動性はシャマンにとって必須の要件であろう。つまり、さまざまな鳥の補助によってシャマンは地下界と天界への旅を敢行して、精霊界と交信することが可能になる。それによってシャマンは自らが属する社会のなかで奉仕する。鳥は補助霊として多様な造形となり、また、鳥像はシャマンの装束に付けられ、或いは羽根の装飾によってシャマン自身が鳥となる場合もある。

一方、シベリアやアムールランドのトゥングース語系諸族の世界観では、先述のように、鳥は人の生命原理である霊魂を体現し、誕生は霊魂・鳥の飛来、死はその天空への飛翔というように観念されている。生まれる生命の霊魂は小鳥の姿で樹梢の鳥の巣に降下して、女性のもとへくる。死者の霊魂は再び鳥となって飛び去るというのである。

鳥竿に限っていえば、その分布は確かに広範に及んでいる。仮に、後期旧石器時代のラスコー洞窟の絵画を鳥竿とするなら、その類例は、西シベリアのネネツ、アルタイのシャマンの聖所、そして朝鮮に認められるばかりでなく、さらには、日本古代の古墳からも鳥竿とみられる鳥の木製品が出土していることも注目に値しよう。

四　死霊の鳥

死者の霊魂が鳥の姿で想念されている明らかな例は、倭建命の白き鳥である。倭建命は『古事記』では「八尋白智鳥に化りて、天に翔りて濱に向きて飛び行でましき」とあり、鳥は「大きな白チ鳥」とも「白鳥」とも解されているが、要するに、崩御した倭建命は鳥に変じて飛び去ったということであろう。

死霊が鳥となって彼岸へ飛び去るというこの神話を彷彿とさせる鳥の造形が、実際に古墳で

図18　奈良県橿原市四条遺跡出土の鳥形木製品（『朝日新聞』,2000）

明らかになっている。それは二〇〇〇年に奈良県橿原市の四条遺跡の円墳から出土した鳥形の木製品である（図18）。この鳥形木製品は胴体と翼の二つの木片からなり、体長は約九〇cm、ややつぶれた頭と紡錘形の胴、扇形に開いた尾があり、胴体の中央部の四角い穴に柄を通して、古墳の周辺に立てられたと想定されている（図19）。一方、この鳥に酷似した造形物がシベリアのエヴェンキにあり、その作りもまた出土品によく似ている（図20）。これはシャマンの守護霊で、シャマンを精霊の世界へ導く仲介の役割を担うと説明されている。特に注目すべきは、翼の真ん中・胴体に穴があることで、これもまた四条遺跡の鳥と同様に柱上におかれたのではないかと思われる。

シベリアではこのような鳥竿がシャマンの聖所や墓にあることから、四条遺跡の木鳥もまた、シベリアや極東に共通する文化的な範疇に含めてみることはでき

図19　奈良県橿原市四条遺跡の鳥形埴輪を据えた古墳復元図　四条遺跡第27次調査では鳥形木製品1点、笠形木製品4点、棒状木製品1点、柱状木製品1点、不明木製品2点の木製品が出土。鳥形木製品は胴部中央の横長の穴に翼部分が差し込まれた状態で出土し、笠形木製品は4点出土のうち3点が柄とセットを示すように出土。特に東端の笠形木製品は笠に柄が装着されたままの状態で出土した。上の図はその樹（http://www1.kcn.ne.jp/~uehiro08/contents/parts/80.htm　2021年6月2日閲覧）

図20　東シベリア、エヴェンキシャマンの補助霊
精霊の世界への使者、シャマンと精霊界の仲介（PЭM, 2006）

ないであろうか。こうしてみると、鳥の表象はシベリアから極東、朝鮮から日本にいたるまで、諸民族の文化の基層にさまざまに継承されていると思えるのである。

かつて、国立民族学博物館の韓国の展示部の入口でチャンスンとソッテを目にしたことから、鳥竿を追い求めてシベリアのシャマンの鳥竿、南ヨーロッパの後期旧石器時代の洞窟絵画へ辿ることになった。シャマンにかかわりのある鳥竿の意義はまだはっきりと分かったわけではない。日本で鳥像が古墳の周囲に立てられていたという事実から類推するなら、ネネツのシャマンの橇に添えられている二羽の鳥、アルタイのシャマンの聖所の鳥竿もまた、或いは、シャマンの死霊を導く鳥であるかも知れない。

洞窟絵画の鳥竿と鳥人像は謎である。にもかかわらず、鳥竿が日本の古墳にも立てられていたという考古学発掘の成果は、思いがけず、ユーラシアという広大な空間と、後期旧石器時代から古墳時代までの長大な時間を超えて、何か人類に普遍的な思考や観念を示唆しているのではと考えたくなる。

II

山の主《ぬし》・ウマイ母神

第一章　アルタイの山岳崇拝

一　山の神

日本の「山の神」は非常に議論の多い神である。山国の日本では、人の生活は古来、山と深い関わりがあった。それだけに「山の神」は処々でさまざまに異なる観念、習俗や信仰と結びついており、また、山が神仏と重なり合わされて山岳信仰となるなど、日本文化のなかでは非常に重要なテーマとしてある。日本文化の古層から説き明かそうとする民俗学をはじめ、諸学の議論では山の神を狩猟民文化、マタギ、焼き畑から稲作文化のなかで考え、また、祖霊崇拝や山上他界との関連で取りあげるなど、その多様な特徴や地方差などについて多角的に研究や議論が展開されてきた。[1] 日本文化を基本的に稲作文化とみる根強い傾向のなかでは、山の神の正体を明かすことは単純なことではない。

山と深いかかわりのある焼き畑は、そこにある樹木を伐採、火入れをして、粟などの雑穀やイモ類（サトイモ、タロイモの類）を育てる。地面を耕すことなく、掘り棒で穿った穴に種を入れるという原始的な農法で、日本でもかつては東北や九州、四国など各地にあった。そうしたところでは、山の神への儀礼が行われた。一方、稲作で祀られるのは田の神である。この田の神と山の神の因縁が大問題である。それについて柳田国男は『先祖の話』のなかで、「春は山の神が里に降って田の神となり、秋の終わりにはまた田から上って、山に還って山の神になるという言い伝え、……これは日本全国北から南の端まで、そういう伝えのない処の方が少ないと言ってもよいほど、弘く行われている」と述べ、この一事に注意を喚起している。[2] 実際、石川県奥能登には「あえのこと」という国の重要無形民俗文化財で、ユネスコの無形文化遺産にも登録されている農耕儀礼がある。それは、年の暮に田の神を家に迎え、収穫の感謝を込めて丁重にもてなし、春には田へ送りだす行事である。正月の間、田の神は山の神と考えられているらしい。

この「田の神の去来」は山の神をめぐる問題の核心のひとつである。日本の山の神について広範な視野で論じた貴重な研究は、ドイツの日本文化研究者ネリー・ナウマンの著書『山の神』

（一九九四、原著はドイツ語、一九六四、一九六五）である。この書は、『古事記』から説き起こし、各地の民俗資料を博捜し、また比較民族学の立場から諸外国の資料をも視野にいれて、日本の山の神を論じた労作である。「山の神と田の神の交替」について、各地の資料を補足して論じた上で、ナウマンは次のように結論づけている。「自分たちの畑の一部を山中にもつ山地の農民にとって、この山の神が畑も守り、その面倒を見るのは当然のことであったはずだ。耕地の拡大とそれに伴う山の後退は、時を経るにしたがって、山の神が農作業がはじまるやいなや、それまで無条件に支配していた土地においても職務を全うするために、山を離れることを余儀なくした。こうして山の神ははじめて田の神となった。これが山の神信仰から田の神信仰へと通じるただ一つの道筋ではないが、意味をもつものにはちがいない(3)」。つまり、山の神が田の神に転じたという趣旨であるが、これでは、山の神・田の神の春秋の移動が明かされたことにならないであろう。

むしろ、ナウマンの『山の神』で大事な視点は、「猟師の山の神」と「農民の山の神」を分けた「山の神――猟師および山稼ぎ人の神」という一章にある。そこでは、「動物の主」、「山の主」、「樹木の主」という項目について、日本における知見を丹念に集めて論述しており、その要約のなかで「北ユーラシア諸民族の狩猟神との関係」を指摘していることは、炯眼である。

すなわち、山の神は「獣の所有者であり主であって、うやうやしく求める猟師には獣を授ける。……獲物は山の神からの授かりものとして分配しなければならない。獣を守護する山の神は家畜の守り神でもある」としている(4)。それこそは、シベリアの狩猟民にとって、もっとも普遍的な事実である。ナウマンは欧米や中国の研究者の著述に基づいて、この観念が、東北アジアから北ヨーロッパにかけて広範にわたる森林地帯の諸民族に認められることに注意を向けているが、シベリアの民族誌には直接手が届かなかったようである。

二　シベリアの狩猟民文化——狩猟漁撈採集

シベリアとはウラル山脈から東は太平洋沿岸まで、南はモンゴル・中央(中央ユーラシア)アジアから北、北極海沿岸までの地域をいう。このシベリアは寒冷な大地である。古来、人びとは各々の地域で自然環境・生態学的な条件に適応しながら生活を営んできた。しかし、シベリア諸民族は二〇世紀にはソヴィエト社会主義体制のもとで大きな変革を経験し、今日ではロシア連邦の政治経済のもとにある。そして、言語や文化、社会・経済生活などの全般にわたって程度の差はあれ、いわゆるグローバル社会と無縁ではない。しかしながら、比較的近年まで、諸民族社会の大元では、多かれ少なかれ伝来の生業が引き継がれ、その基盤にあったのは採集狩猟漁撈という営みであったといえよう。

二〇世紀後半からの情報化社会における私たちの生活文化が、一八世紀後半にはじまる近代の技術革新の延長上にあるとして、この二千年間より以前、すなわち、先史時代をこの地球上の人類はどのように生きてきたのであろうか。南アフリカのカラハリ砂漠で、ブッシュマンの調査研究に半生をささげてきた人類学者田中二郎のことばを借りると、人類史の九〇パーセントは狩猟文化であった。

シベリア諸民族ばかりでなく、モンゴルや中央ユーラシアの遊牧民の社会でも狩猟は営まれてきた。自然のなかから生きる糧を得ることが狩猟漁撈採集、すなわち、狩猟文化である。その営みは形こそ違え、漁業など今日の私たちの生活にもある。気候変動のために、魚群の生態に想定外の変化があるとはいえ、海洋で季節毎の魚を捕獲すること、早春に野草や筍を採って食卓に上せることは、紛れもない狩猟文化である。ただ今日、漁撈は狩猟文化から乖離して、養殖産業がますます大規模になっているが、その根本的な思念は人工的に自然を育成するという意味で牧畜や農耕文化の範疇になろう。

地球上の自然環境、生態系がグローバリズムのなかで議論され喧伝されるなかで、人類の来たった道のりを振り返ってみることは、興味深いばかりでなく、意味なしとはしない。シベリア諸民族の狩猟文化の根底には自然への真摯な想念が揺るぎなくある。

その現実を南シベリアのアルタイ・サヤン山脈地域に依拠するアルタイ（族）の山岳信仰に

見ることができる。山岳崇拝の顕著な例は、モンゴルやチベットなどに古くから見られるオボ（石積み）である。今日でも人はそこを通りかかった際に、必ず石を積み、あるいは、そのそばにある樹木や竿に細長いリボン状の布や抜きとった馬のたてがみを結びつける習慣がある。狩人は銃弾を供えるともいう。

モンゴルの北につづくアルタイ・サヤン山脈は高山地帯で、その辺りにはオビ、エニセイ、レナなどシベリアの大河の源がある。そこは自然の景観にもめぐまれた豊かな大地で、山麓のステップ（草原）から次第に森林ステップ、針葉森林帯と植物相が交代し、四千メートルにもなる高地には氷河もある。諸処に川や湖沼、谷があり、山麓から標高が上がるにしたがって、多種多様で豊富な動物（熊、クズリ、山猫、狼、狐、貂、イタチなど）、鳥類（多種の雷鳥、ホシガラス、カッコウ、梟、鷹など）が生息し、山々はシベリア松、樅、杉などの針葉樹林や広葉樹との混合林などに覆われ、季節ごとに種々の草木や花々に彩られる。豊かな自然環境にめぐまれたこの地域では、古くから遊牧だけでなく、地域によっては雑穀栽培が行われ、また、鉄鍛冶、金属加工、皮革などの手工業も盛んであったが、どこでも生活の基盤をなしていたのは狩猟文化だったようである。

今日、この南シベリアのアルタイ・サヤン山脈の地域にはテュルク語系の民族であるアルタイ、ショル、ハカス、トゥバの共和国がある。アルタイ共和国はモンゴルの北西に位置しており、その主要な民族はアルタイであるが、このアルタイはいくつもの地域集団（エスニックグループ）の総称である。固有アルタイ（人）はアルタイ山脈に発するカトゥニ河をはじめ、いくつもの河川の流域に居住しており、その他の集団もまた河川毎に分散している。

この地域で精力的な調査研究をおこなったロシアの民族学者L・P・ポターポフ（一九〇五―二〇〇〇）は、「アルタイの山岳崇拝」（一九四六）という興味深い論文をものにしている。[5]ポターポフは、アルタイ人の集団に、（1）固有アルタイ（アルタイ・キジ）、（2）テレンギット、（3）テレス、（4）トゥバラル、（5）チェルカン、（6）クマンヂン、（7）テレウト、（8）ショルを挙げている。ただし、今日、ショルの居住地はロシアのアルタイ州（クライ）に位置づけられている。アルタイ（人）全体の人口は七万人（二〇一〇年）ほどである。[6]

ハカス共和国はアルタイ共和国の北東に隣接し、人口は約六万四千人（二〇一〇年）、キジル、サガイ、コイバル、カチンなどの地域集団がある。生業として、牛馬羊を夏には山へ放牧して、冬には麓へ戻ってくる、いわゆる、移牧がなされていたが、主要は狩猟と植物採集であった。その他には皮革、フェルト、織物作り、銑鉄造りも行われていた。

アルタイ共和国とハカス共和国に隣接し、モンゴルの北に拡がっているのがトゥバ共和国である。共和国内のトゥバ人の人口は二五万人（二〇一〇年）ほどであるが、この民族はモンゴルや中国にも居住している。西トゥバ人では昔から遊牧牧畜（牛、馬、山羊やラクダ）が行われ、雑穀栽培や手工業などの伝統がある。それに対して、トジと呼ばれる東トゥバ人では東サヤン山脈で鹿やトナカイなどの狩猟、野草や堅果類の採集が行われてきた。獲物の毛皮や皮革は交易品となった。西トゥバでも狩猟が行われ、手工業として鍛冶や木工が盛んであった。

南シベリアの以上のような諸民族のもとでは、アルタイの山々は格別な存在であった。それは私たち日本人にとっての「富士山」とは次元の異なる対象であった。つまり、人びとの生活がアルタイの山々と、殊に、狩猟を通じて深くかかわっていたからである。

ポタ－ポフの論文「アルタイの山岳崇拝」は一九二〇年代の実地調査によるもので、それには現地の細かな地名などが記されている。興味深いことは、アルタイの幾重にも重なる山々に人々の生活が深く関わっていたことである。すなわち、アルタイの山々には、氏族（セオク seok）制度に基づく聖山崇拝、女性に対するタブーがあり、また、山を氏族の父祖と結びつける伝承と同時に山を母神とするウマイ信仰が認められることである。

三　アルタイ山岳崇拝——狩猟領域としての聖山

アルタイ山脈は、くり返しになるが、モンゴルの西から中央ユーラシア、南シベリアに連なる高山で、その東にはサヤン山脈が横たわっている。このアルタイ・サヤン山脈地域はシベリアでもっとも南に位置する山岳地帯であり、ここを源に川は北へ流れ下り、いくつもの支流を集めてやがてオビ、エニセイ、レナの大河となってシベリアの大地を北流して北極海に注ぐ。アルタイ山脈の最高峰はベルーハ（四五〇六メートル）であるが、このアルタイ・サヤンの山岳地域にはいくつもの高山があって、諸民族にはそれぞれに信仰する山があった。アルタイ諸族のもとで山がどのような存在であったのか、ポターポフに依ってみよう。

アバカン河流域のハカスでは各氏族の山、すなわち、聖山（tag-taijg）の儀礼で、そこの精霊・神々に馬を捧げた。サヤン支脈の山々には栗毛の馬の守護霊が在り、アバカン河源流の雪峰には青馬の守護霊が在るとされていた。アルタイの人びとにも山岳崇拝の対象となった山は数多くあり、その山頂には石積みのオボや樹木があり、それには長いリボン状の布切れを捧げた。

北アルタイ諸族（トゥバラル、チェルカン、クマンヂンなど）の生業の基盤は古くから狩猟であり、その信仰・宗教的観念やフォークロアには狩猟民的な特徴が濃厚である。そのなかでは山の精霊、山の主《ぬし》、もしくは山そのものの観念が主要な位置を占めており、「山は生きものであり、スキーで移動し、歌い躍り、また、争いや喧嘩をし、賭け事をして大負けをする」というような話がある。つまり、山が擬人化されて語られていたということになる。

聖山崇拝のもっとも肝要な目的は狩猟や漁撈の獲物であった。それぞれの氏族の聖山は固有の名の他に、トゥバラルでは「トス・タウ」（tosˀ-tau）の他、tosˀ-tag, arrin tag, ulug-tag, jajyku-tu

と呼ばれたが、それは「大元、起源の山」の意である。山には狩人が日常的に行う慣わしがあった。狩人は高山を越えて狩に行く途中、見晴らしの良い場所にくると、そこで小休止をし、もっとも高い峰に向けて水に溶いた燕麦粉を撒布した。狩場に着いて、そこに小屋掛けをすると、毎日氏族の聖山に向けて煮た肉を投げ、茶やスープを撒布した。また、狩人は狩小屋の側の樹に一つ、もしくは、九の倍数のリボンを結んだ。そして、トナカイや鹿類など大きな獲物があると、必ずその臓物を山に捧げ、大型獣の初物はその小片を山の主や聖山に捧げた。このようなことは狩人自身の日常的な習慣であった。

また、ショルでは川の氷が解ける春に氏族の聖山に祈願祭を行った。それには大麦酒（アバルトカ）、カンディク（カタクリ科の植物）の酒、葡萄酒、魚などが用意され、氏族や村の長、長老がそれを振りまいて祈り詞を唱え、獣や魚の獲物、健康を祈願した。この儀礼はシャチル／シャシグ「振りまき」と呼ばれ、氏族の異なる女性（つまり、嫁）は参加することができなかった。種々の酒、料理などは参加者が用意し、儀式の後では会食をしたが、これには女性も加わった。この儀礼をシャマンが執り行うことはあっても、（ポタ－ポフの調査時である一九二〇年代には、未だ）シャマンの専業的な役割とはなっていなかったようである。

アルタイ・サヤン山脈地域の狩猟民にとって、獲物のある猟場は当然のことながら、もっとも肝要な条件である。その猟場は氏族（セオク seok）の領域にあり、その猟場には氏族の聖山があった。すなわち、セオクという氏族制がアルタイの社会組織の大枠をなしており、氏族固有の土地に猟場、その猟場に聖山があったということになろう。その具体的な事実をポターポフは実地に確かめている。[7] こうして、氏族の土地には山があり、森があり、川や湖、谷や草地がある。そこは鳥獣や魚などの獲物の世界であり、狩人の営みの場である。氏族の山をその氏族の守護神、氏神、聖山とする信仰は、氏族を単位とする領域・猟場を基盤としていたことになる。一九世紀末の旅行記に「堅果や獣を獲る先住民個々人の権利はある場所に限定されている。チェルノヴォイ・タタール（アルタイの旧称）の住む全域はいくつものタイガ（針葉樹林の森）で分割されており……そのなかでそれぞれの氏族（セオク）が猟をする。そのため、例えば、タヤシ氏族（オクザス河のチェゴロルの住人　未確認）には獣の豊富な大きなタイガがないために、（北方の）レベジ河のチェルカン族の森へ猟にいかなければならない。他者のタイガでの狩猟権としてタヤシ氏族は毎年猟師一人当たり五〇カペイカ――一ルーブルを支払う。他所のタイガに無断で入り込んだ者は、その獲物を取りあげられ、その上裁判にかけられて罰せられる」ということになった。[8]

また、北アルタイ諸族では、猟場は通常タイガのなかの川谷ごとに分割され、獣の豊富な川谷はさらにいくつかの氏族の猟場に割り当てられていた。こうして、セオクにはいくつもの猟場があったことになる。しかしながら、タヤシ氏族の場合と同様、猟師の属する猟場のタイガに獲物がなくて、不猟の際には、例えば、トゥバラルの猟師は母親か妻の親戚のところへいって、その氏族の猟場で狩をさせてもらった。そうしなければ、ヤサク（毛皮税）を支払えないという理由であった。

ヤサクとは、先述のように、シベリアがロシア帝国の植民地となった一七世紀から帝政時代を通じて原住民に課せられた毛皮税のことで、黒貂、狐やビーバーなどの毛皮、トナカイやオオジカの皮革などが毎年徴収された。ヤサクを納めることが帝政ロシアに対する臣民の証として求められたのである。それで狩人たちは、不猟の際には他の氏族の猟場に入り込まざるを得ないことになり、そのために氏族間での争いやいざこざは稀ではなかったという。このように狩猟の場としての山は、狩猟民にとって生存のための必須条件であり、獲物を豊富に擁する山は氏族を守護する聖山として信仰の対象となったことは道理である。

四　女性に課せられたタブー

アルタイの諸族は氏族制度のもとにあり、人はいずれかの氏族に帰属していた。そのため、嫁は他の氏族からの婚入者である。その女性たちには、日常生活においてさまざまな制約・禁忌があった。典型的なこととして、トゥバラルでは結婚した女性は、夫の氏族の山の名を口にしてはならなかった。チェルカンでも同様であり、やむを得ない時には異称を使うことになった。また、嫁は夫の氏族の山が見えるところでは、頭に被りものを被らずにいることも、裸足でいることもいけなかった。もし、そのような姿でいるところを「山にみられる」と、女性には禍が起こるかもしれないと恐れられたのである。ハカスの一族ベルチルに次のような話がある。

> 「聖なる山」とされている山に女は誰一人登ってはならないことになっていたが、この禁を破って、ある女性がその山に登った。それで山は穢された。その後、ある老人の夢に、「以後祈願（タジク）は別の山で執りおこなうように」と知らされた。そこでベルチルの人びとは別の山で儀礼を行わなければならなかった。それ以来、聖山は捨てられてしまったが、人びとはその傍を通るときにはそちらの方向にアラキ酒を振りかけることを忘れないという[9]。

クマンヂンでも嫁は夫の氏族の山に登ること、頭を被うことなくその近くにいてはならなかった。

聖山に対するタブーは夫の氏族に対しても全く同様にあった。つまり、嫁は夫の年長の親戚に対して名を呼ぶことを避け、被りものをしない頭や裸足がその目に触れないように心しなければならなかったのである。同じように、チェルカン、クマンヂン、ショルでも、嫁にとって、夫の氏族の山は、夫の年上の男性の親戚たちと同じにみなされていた。このことに関してショルには次のような話がある。

ケリム山脈の向かい、ムラッサ山の向こう側にもう一つカラ・タグという山がある。このカラ・タグという山には山岳カルギン族の祖先が住んでいたという双子山がある。その女性たちはその双子山を「舅」と呼び、山の名を口にしない。でも、ここにいる私たちはそれを「舅」とは呼ばない。ここにいるシャマンは儀式の際に祈禱のなかでその山のことに触れる。そのカラ・タグの山には石の揺りかごがあったそうで、昔はそれが見えたが、今は見ることができない。その石の揺りかごは私たち父祖の揺りかごだった。(10)

この話はカラ・タグを聖山とする氏族の伝承であって、そこの嫁である女性たちにとってカラ・ダグは「舅」である。ただ、語り手の女性には、それは自分たちの聖山でも「舅」にも当たらない。氏族の山を「舅」と呼ぶことは、ショルの他の氏族でも例があった。

父系的な氏族制度のもとでは、結婚に際して嫁は他の氏族の女性でなくてはならない。嫁である女性が夫の年上の男性に対して避けなければならない行為は、何もこのアルタイの社会ばかりのことではなく、婚姻にかかわる規制として一般的でもあった忌避行為である。ただ、ここアルタイ諸族で特異なことは、そのタブーが氏族の山・聖山をも対象としていることであり、嫁がその山の名を口にしてはならなかったことにある。

一方、カラ・タグの話で、その聖山にはその氏族の祖先が生まれた揺りかごがあったという点は注目に値しよう。つまり、その山に祖先の起源があったかのようなのである。

五　山岳崇拝と山の主

ポターポフによって明らかにされたアルタイ諸族の山岳崇拝では、狩猟民と山とのかかわりがいかに現実的であったかが知られる。その山岳崇拝の特徴は、まず、第一に、北アルタイ諸族（トゥバラル、チェルカン、クマンヂン、ショル）は、近年まで（ポターポフの調査の一九二〇年代）基本的に狩猟民であった。第二には、その社会は氏族制度を枠組みとしており、狩猟民にはそれぞれの氏族（セオク）があった。第三には、生業活動は狩猟民各自が属する氏族の山で行われ、猟場には氏族の聖山があった。第四、聖山には狩や漁に際して供物（種々の酒、ワイン、燕麦粉など）を撒りまいて、狩や漁の好首尾や健康を祈願した。第五は、この儀礼は狩人たちの日常的な習慣であったが、氏族や村で行われる季節的な儀礼などでは長老やシャマンがそれを司った。しかしながら、シャマンの役割は限定的だったようである。第六は、聖山の儀礼には嫁は参加することはできなかった。第七は、既婚女性には夫方の年長者に対して一連のタブーがあった。すなわち、夫の氏族の聖山の名を口にすることを慎み、夫の氏族の年長の成員のいるところでは頭を被りもので被い、裸足を見せてはならない決まりであった。この忌避は夫の氏族の山、聖山に対しても全く同様であった。換言するなら、嫁にとって、夫の氏族の年長者と聖山とは同格、同一視されていたことになる。第八は、ポターポフによると、一般的に精霊や神などの偶像は作られるのに対して、山や山の主の造形化はなかったという。ただ、シベリアでは一般的なことながら、山や山の主の表象は説話など口承文芸のなかで具体的な姿をとって語られている。

以上のような特徴を通じて、アルタイの山岳崇拝の起源を考えてみるなら、三つの位相が明らかになる。すなわち、山岳崇拝ではシャマンの参与が一般的ではないこと、次は氏族制度、そして狩猟である。まず、北アルタイ諸族では聖山の儀礼にシャマンが役割を果たすことは限定的のようであった。つまり、氏族や村全体として聖山の儀礼を行う際に、それに通じた老人や長老がいない場合には、シャマンがこれを行うことがあった。しかしながら、現実にはシャマンの役割は次第に大きくなる傾向にあったという。換言するなら、アルタイの山岳崇拝は本来、必ずしも、シャマンとは結びついていないということである。

　また、氏族制度はシベリアの多くの原住民のもとで、社会組織の大枠をなしていた。アルタイではその社会的な仕組みのなかで、氏族毎に猟場が定められていたことになる。この事は狩猟民の社会ではどこでも基本的で重要な条件であったのではなかろうか。ただ、具体的にそれがどのように決められ、約束事になっていたのかについては民族誌の記述からは分からない。日本の場合には、例えば、マタギがどのように猟場を定めていたのか、アイヌの場合には、イオルと呼ばれる生業域がどのように定められて約束事になっていたのかという問題に通じよう。

　アルタイにおける氏族制度がいつの時代にどのように成立してきたのかということと猟場の分割は、確かに、重要な点ではある。とはいえ、狩猟という営みが人類史の始原からあったことからいえば、アルタイの人びとの狩猟と氏族制度の時系列関係は明らかである。

　山岳崇拝というのは、山が人間にとって獲物を追い求め、恵みを期待し、それを祈願する対象であったことに本質的な意味がある。山には森、川や湖水、谷、岩や草原があり、そこは生きものの世界である。その世界の大自然に大きな意思、超越した何者かを感得するのは私たち人間に共通する心性ではなかろうか。シベリアではそれを主《ぬし》という。主はどこか特定の場所にある何者かではなく、人が自然界に懐く「何者か」の存在である。山々の森や林、草地のいたるところには鳥獣が群れ、沼沢や川にも魚や水辺の生きものがいる。山は、人間の獲物となるありとあらゆる生きものを抱きかかえている主ということになる。人は山の主に獲物を期待し、その下賜を願った。こうして山は崇拝の対象となる。主という観念は山に限られるのではない、自然界の処々に人は主を感得する。漁師は川の主、海の主に捧げ物をして豊漁を願い、木樵は森や樹木に主をみることになる。シベリアの諸民族に遍く認められるのは、人が働きかける自然界そのものに懐く主の観念である。山の神は山の主、自然界の主に他ならない。

六　アルタイの主・生命を宿す山

シベリア諸民族の生活文化に深く根ざしている「自然の主」は、人類学や民族学などでは、owner, master, lord などと訳され、「野獣の主」などとして知られ、あたかも自然界の獣を掌握するような特別な存在とみなされる傾向にあった。しかしながら、シベリア諸民族の生業活動や説話などから明らかなことは、森、山、川や湖水など、人間がかかわりをもつ自然界の至るところには、その場の主が存在するとみなされ、エジェン、エエ、エジなどの語で呼ばれている。(11)

主は不可視の存在であるが、人間には大きな影響力をもっており、人は狩や漁に先立ってその場の主になにがしかの贈り物を供し、狩猟の首尾や獲物の下賜を願う。主は特定の場所だけに在る、特定の存在ではなくて、自然界に遍在しているというより、端的にいえば、人が相対する自然そのものである。ただ、神話や伝承では主は動物や人間など、さまざまな姿で狩人や漁師の前に顕現する。例えば、若い乙女となって狩人の前に現れて夫婦となり、それによって狩人や猟師は豊富な獲物に恵まれるという話は珍しくない。(12)

アルタイの山々の主（アルタイ・エージ）は、その地域のどこであってもその地の最高の峰に在り、氷河や洞窟に棲んでいるともいわれている。アルタイを讃美してその恩沢を期す讃歌のなかでは、アルタイは「栗毛の駒に乗った輝けるアルタイ！」と人格化され、「麗しき峰もつわがアルタイ、己が果実をわれに与えたまえ、賜物を下したまえ、クルイ、クルイ、オップクルイ」と歌われる。そして、人間がアルタイの主の庇護の下にあると告げ、飼育する馬に恵みを与え、殖やしてくれるようにと唱え、「狩人のわがアルタイ、獣と鳥を与えたまえ、袋のなかにたくさんの、良き貂を与えたまえ、あらゆるものを火の神、偉大なるヤイク神に手渡したまえ！」と結ぶ。人間に慈悲深いアルタイの主は、しかしながら、人間が贈りものを怠ると冬には吹雪や悪天候をおこし、家畜を死なせ、狩人には獲物をよこさなくなる。人はアルタイの主に毎年、赤毛頭の白い羊を犠牲にし、ミルクとチェゲン（乳酸飲料）を馳走し、甘いチーズをピラミッドのように積みあげて供える。(13) それによって、人はアルタイの主の恩寵に浴することができるというのである。

このように、アルタイの山が人間の獲物となる生きものを擁しているという観念は、また、そこに人の生命もあったという伝承と無関係ではなさそうである。先に挙げたショルの起源伝承に、「カラ・タグ（黒山）という山を「舅」と呼び、その山には石の揺りかごがあり、それは父祖の揺りかごだった」という注目すべき話がある。山に命、生まれくる命があるという伝承には、後述のように、山岳崇拝のもっとも根源的と思われる観念をみることができる。例えば、山は家としてみられ、「春には山の扉が開いて、そこから獣や鳥が放たれ」、また、擬人化された山は、その「ボタンをはずして」懐を露にするとも語られ、あたかも山が生命を胚胎しているかのように観ぜられている。また、アルタイの各氏族にはそれぞれの聖山があり、生まれくる生命は天から順次手渡されて人の家に達するともいう[14]。くり返しになるが、ショルの伝承に「カラ・タグ（黒山）という山には石の揺りかごがあり、それは父祖の揺りかごだった」という伝承もこれと同じ趣旨かもしれない。さらに、ハカスの伝承ではシャマンは子どものできない女性のために儀式を行い、子どもの魂を求めてウマイ・タスヒル（母の懐の意）へ赴く。その母なる女神の「山の奥深くには未来の子どもたちの霊魂の入った揺りかごが吊されている」のである。シャマンはその洞窟から霊魂を家にもち帰り、女性に授ける。

アルタイの山岳崇拝の基盤をなしているのは父系的な氏族であって、氏族毎に猟場が定められ、その領域に聖山がある。トゥバラルでは「トス・タウ」（tosˇ-tau）と称され、その意味は「大元、起源の山」であった。父系的な氏族制度のもとでは他の氏族から婚入してきた女性、嫁にとって聖山は「舅」であったという。こうしてみると、氏族制度のもとでは聖山は「男性」であるかのようである。

一方、伝承のなかではその聖山に氏族の父祖が生まれた「石の揺りかご」があったという。山にある「揺りかご」に生まれくる生命が宿っているという話はここだけではない。してみると、山は女性ということになろう。つまり、聖山信仰には男性原理と女性原理があって、前者は氏族制度を基にしていることになろうか。そうして聖山を生命の源泉とする女性原理は、その氏族制度とは相容れない。

第二章　山・ウマイ母神

一　洞窟絵画のもう一つの図像

さて、後期旧石器時代の「鳥人」・鳥竿から、改めてユーラシアに視野を拡げるという試みには、それなりの理由づけが求められよう。シベリアの民族誌はどれほど遡っても、手がかりになるのは一八―二〇世紀のものである。先史人類の文化を考察するには余りにも時間差は大きい。しかしながら、シベリアの民族誌にはその悠遠な時代から連綿とひき継がれてきた人間のもっとも根源的な関心と欲求があるように思われる。

それはいうなれば、生物としての生命の維持存続である。そのヒントは、確かに飛躍ではあ

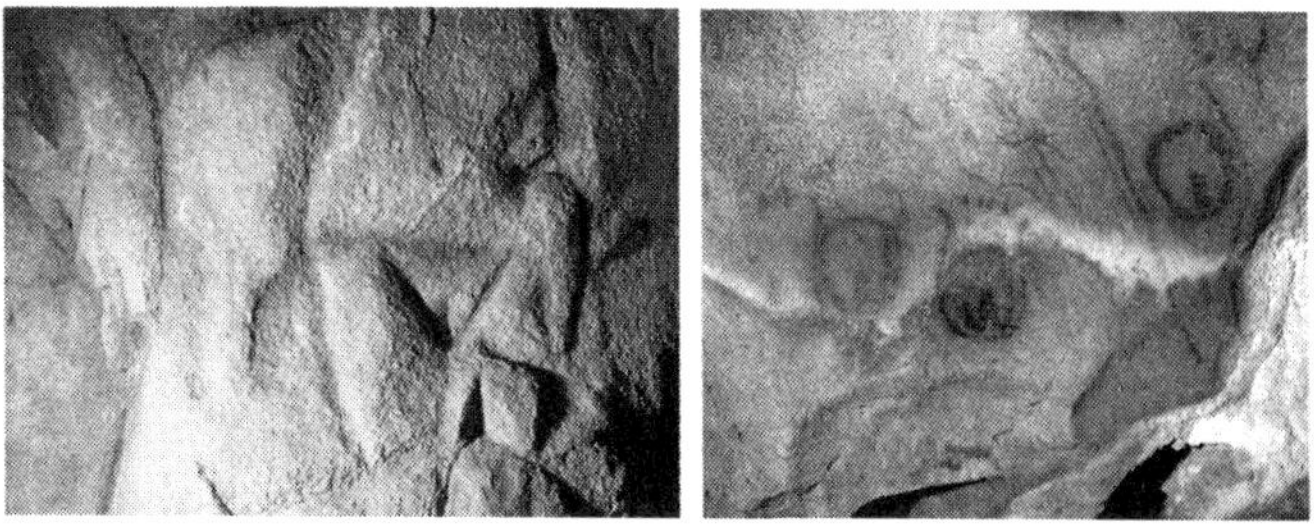

図21　チト・バスティリョの女陰図（右）とロック・オ・ソルシエの女陰のレリーフ（左）（Lorblanchet Michel, 1995）

るが、南ヨーロッパ後期旧石器時代の洞窟絵画にある特異な図像に見いだすことができる。それは、例えば、スペインのチト・バスティリョ洞窟遺跡などにある女性性器を示すものである（図21）。数万年に及ぶ洞窟絵画のテーマのほとんどは動物、すなわち、馬、バイソン、牛、鹿、犀や熊、ライオンなどの陸獣や魚などが占めており、人間が描かれることは稀であるなかで、後期旧石器時代の当初から女性性器は特徴的であったと考えられている[1]。

その洞窟遺跡はスペイン北部アストリアス地方の山にあり、洞窟は数百メートルに及んで曲がりくねり、いくつもの側洞がある（図22）。そのような狭い洞窟は写真で見るかぎり、あたかも内視鏡で映しだされた私たち人間の内臓を思わせる。その奥深い側洞の入り口には、例えば、同じ地方のカヴァラナス洞窟にみられるように、今とび出してきたばかりのような躍動的な動物が描かれているところがある（図23）。このような図像と女性性器とを合わせ考えてみるなら、ごく自然なこととして、洞窟は命を宿す母なる胎内そのものではないかと思わせられるのである。

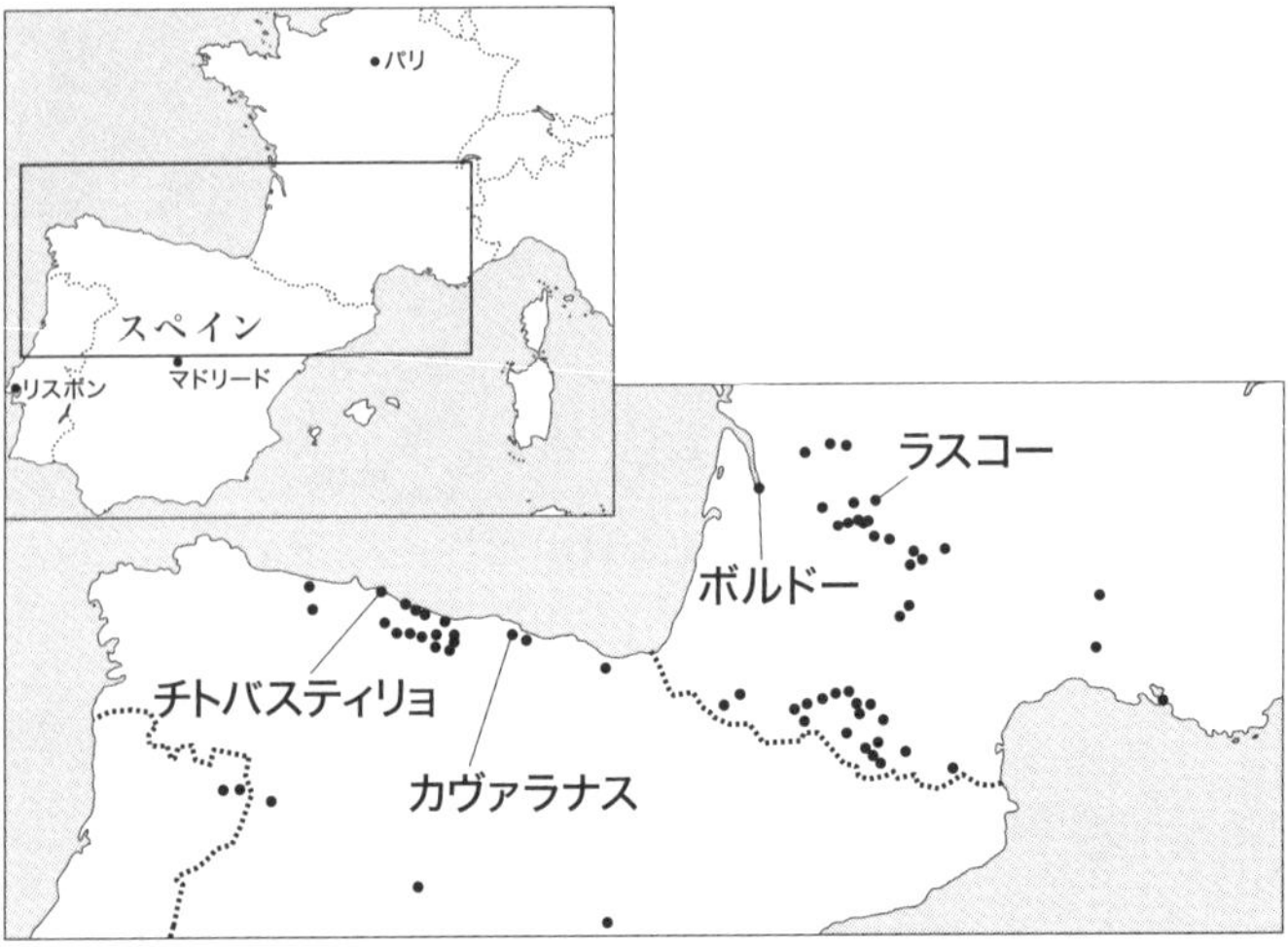

図22　南ヨーロッパにおける洞窟遺跡の分布

図23　スペインのカヴァラナス洞窟とその壁画
(Jean Clottes and David Lewis-Williams, 1998)

一方、民族誌では、南シベリアのアルタイ・サヤン山脈地域から内モンゴルにかけての諸民族にはウマイ Umaj という語が広くあり、それにかかわるさまざま信仰や習俗が共通して認められる。ウマイは多義的であるが、基本的には母胎、出産にかかわっている。この語は、南シベリアばかりでなく中央ユーラシアのテュルク語系の諸民族にも認められ、やはり、出産に関係し、子どもの養育・守護神として生活文化に深く根ざしている。後期旧石器時代の洞窟絵画に描かれている図像が何と呼ばれていたかは、確かに、永遠の謎ではある。しかし、その遥か遠い人類史の始原にある洞窟絵画には、人間ばかりでなく生きものの誕生についての人間の普遍的な思考や観念の淵源をみることができるように思う。

ウマイとそれに類する伝承や習俗が広く中央ユーラシアから南シベリアの諸民族に認められることは、興味深いというだけでなく、考えるに値しよう。

二　シベリア諸民族のウマイ

シベリアの民族誌にはウマイとそれに類する名称が広く認められ、また、それには多様な意味や信仰習俗などが結びついている。その基本的な特徴は、（1）ウマイは「母胎、後産など」を意味する、（2）出産を助け、子どもを守護する女神とみられている、（3）天神、地神、火の神、太陽と関連があり、人間や動植物の豊穣を司る、そして、（4）鳥としても観念されていることである。以下に諸民族に見られる具体例を拾ってみる。[2]

（1）「母胎、後産など」としての umaj—ome—uma について

（a）モンゴル語 umaj、エヴェンキ語 ome は子宮、母胎、アムールランドのナーナイ語、ウデゲ語 ome は「鳥の巣」を意味する。

（b）ブリャト語の方言では洞窟を古語で「母の腹（ekhin umaj）と称する。

（c）内モンゴルでは山地の洞窟に詣でて、子授けや至福を祈願する「エヒン・オメ・シルゴリ（母の子宮潜り）」の習俗が今日もある。これについて、内モンゴル通遼市出身のサランゴア氏によると、縦モンゴル文字で書かれる「umai」は、オメ、エォメと発音され、出産、豊穣の神として信仰されているという。また、「サバ」は日常用の容器のことであるが、大地は「アラタン・サバ」（金なる子宮）とも言われる。

通遼市のジャロード旗には穴山と洞窟山が十数カ所あり、そこへ詣でて「母なる胎内を潜る」信仰や習俗があり、毎年旧暦の五月五日、漢民族の端午節の日には大勢の人が山に登って穴を通りぬけ、子宝、夫婦円満、病気治癒、合格などを祈願するという[3]（図24）。

（d）古代テュルク語では後産、胎盤、チベット語のumaは母の意である。また、中世のウイグル語文書では、ウマイは子宮、後産、母胎を意味する。シベリアのサハ（ヤクート）では古い文献に「ウマイは胎盤、後産」とある。[4]

（2）出産・子どもの守護神としてのウマイ

アルタイ・サヤン山脈地域はテュルク語系のアルタイ、ハカス、ショル、テレウト、トゥバなどの民族の居住するところで、それぞれの民族にはさらにいくつものローカルグループがある。ウマイについては、次のように多様な情報が集められている。

図24　内モンゴル・シリンゴルの洞窟崇拝
（写真提供：サランゴア氏）

（a）善神・子どもの守護者、死の天使、死者を連れ去る精霊（北アルタイ）

（b）ウマイは善なる精霊、子どもの守護者、死者の霊魂を受け取る精霊（ショル）

（c）ウマイ・エージ（ウマイ・主《ぬし》）は幼い子どもの守護者、地上の主霊

（コンドマ河のショル）

（d）Umaj/Ymaj は生まれてから歩き、しゃべりはじめる（およそ三歳）までの子どもの霊魂。それ以降は大人の霊魂 kut/khut となる。

（e）ウマイは天に在る高位の神。懐胎と同時に母親の胎内に現れ、赤ん坊をその誕生から死ぬまで守護する（クマンヂン）。

（f）へその緒、ミニアチュアの弓矢、紡錘のお守り。

赤ん坊のへその緒・ウマイは革か布の小袋に入れて、揺りかごに紐で吊るす。こうしてウマイは常に赤ん坊を見守っているが、赤ん坊が泣いたり、病気になるのは、そのウマイが一時的にいなくなるからである。病気のときにはシャマンを呼んで、ウマイを呼び戻す。

また、ミニアチュアの弓矢は男の子の揺りかご、紡錘は女の子の揺りかごにつける護符であるが、これもウマイである。また、木の矢・ウマイを揺りかごにおくこともある。同様のことは後述のマンシでも認められており、生まれた男の子にはミニアチュアの弓矢、女の子には針を刺した布切れをお守りとする(5)。

ハカスでも同じような弓矢、布切れ、糸や紡錘がマイ maj と呼ばれている（図25）。マイ・エネともいうこの布切れは、生まれた子どもを邪悪な霊から守る。それでこの布切れ

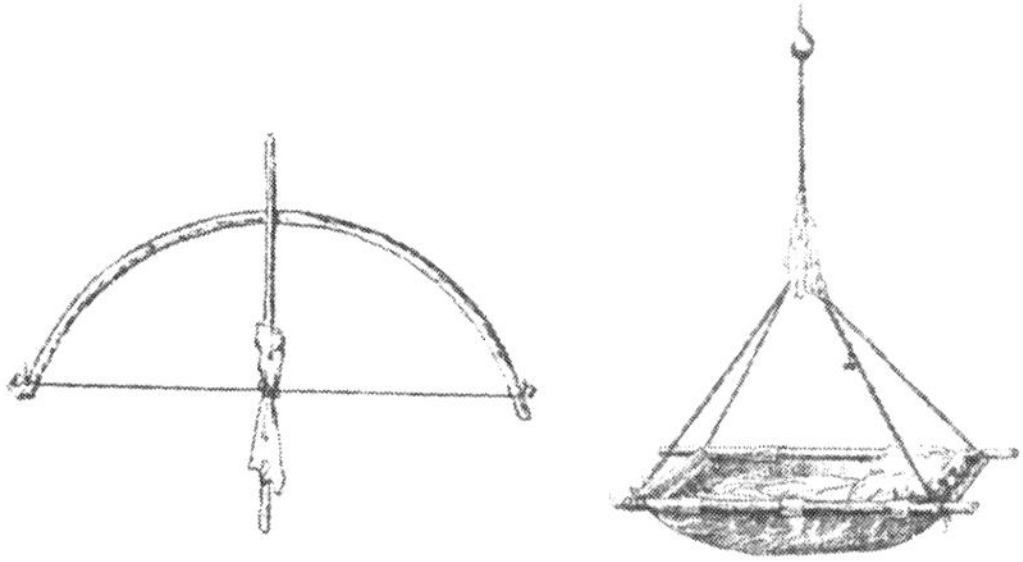

図25　子どもの守護神・ウマイ
白いぼろ布「マイ・エネ」が付けられた矢、「マイ・エネ」と二つのビーズが吊るされた幼女のゆりかご（坂井弘紀, 2014）

は決して洗われることがなく、子どもが無事に成長すると、次の子どもに譲られる。子どもが死ぬと、この布切れは燃やされ、次の子どもには新しいものが揺りかごや弓矢に吊されるという。アルタイ・キジでは小さな揺りかごやシラカバ樹皮の箱に矢を突き刺して、子どものお守りとするが、その由来について「古代テュルクではウマイが遠征者を守護したからである」という説がある。[6]

(g) 難産のときにはシャマンがウマイ・エネ（母なるウマイ）に援けを求める。ウマイには「へその緒を切る母 bij」、「(赤ん坊の) まつげを清める母 bij」の別名がある（クマンヂン）。

(h) シャマンは火に向かって、「わが母なるウマイ」と呼びかける。

(i) マイ・エネは、波打つ白銀色の髪をもつ乙女で、虹にのって天から降下して、金の弓をもって子どもを守る（テレウト）。

さらには、S・M・アブラムゾンによると中央ユーラシアのテュルク系諸民族にも、ウマイはほぼ同じような意味で広く知られている[7]。

（a）カザフではウマイ・エネは子どもの守護者である。

（b）キルギスではウマイ・エネは、お産の神、女神、子どもの守護者。豊作のとき、家畜がたくさん生まれたときには、「ウマイ母の胸からミルクが流れた」という。

（c）ウズベク（ホレズム）ではアムバル・オナはお産を軽くするのを助ける。産婆（ドーヤ）は子どものへその緒が取れた日に、「わたしの手ではない、ビビ・ファティマ、ビビ・ズフラの手だ、ウマイ母の手だ」と唱える。

（d）オグーズでは母の胎内にいる子どもの守護霊で、慣用句に「ウマイに仕えれば、息子が授かる」という[8]。

以上のような、ウマイの観念や民俗を整理してみると、まず、語源的にはウマイは母胎や後産など出産そのものにかかわる女性器官であり、胎内に宿る子どももまたウマイの範疇にあることになる。人は安産と赤ん坊の健やかな生育を願う。しかして、ウマイは出産を助ける女神、新生児の守護者とみなされる。へその緒もウマイであること、さらには、ウマイが子どもの幼児期、もしくはその一生を通じて守護神であることも一連の観念であろう。ウマイは「出産と乳飲み子の守護にかかわる古代信仰であり、……ハカスの観念ではウマイ女神は地上のすべての子どもの『霊的な』母、子どもの霊魂の保有者、妊婦と産婦の守護者である」とハカスでのフィールド調査をおこなったV・Ya・ブタナーエフは記している。(9)

(3) カルタシュとプゴ(ホ)ス

西シベリアのハンティ・マンシにはウマイに対応する女神、カルタシュとプホスがある。出産や子どもを守護するのは、マンシではカルタシュ・エクヴァ、ハンティではプホス/プゴスであるが、ただ、この二神には大地よりは天界との関わりが顕著である。テュルク・ウラルの民族学研究に造詣の深いA・M・サガラエフによると、この女神にもまたいくつもの異なる特徴がみられる。(10)

(a) マンシのカルタシュは天神ヌミ・トルムの妻もしくは姉妹で、地上に子どもの命を授ける。

(b) ハンティのプゴスは出産を助ける女神である。

(c) オビ河上流のヴァハ河のハンティでは、女神プゴス・ルングは陽光にのせて子どもを地上に送ると考えられている。

(d) 一方、カルタシュは「下界の母」、「大地の母」とも呼ばれ、大地の豊穣と結びついている。但し、この女神は元々天界にいたことになっている。神話伝承では天界の存在であった神が降下して地上界の神になる例は少なくないが、マンシのある伝承によると、天神ヌミ・トルムの妻であったカルタシュ・エクヴァは夫によって地上に追放されたことになっている。それは、カルタシュ・エクヴァが天神に家をあらゆる鳥獣の骨で造ろうと求めたことについて、梟が「おなごの言いなりになる」と云ってヌミ・トルムを非難したために、憤慨した天神は妻を地上へ追放したという話である。

（e）また、カルタシュは若く美しい乙女として詠われていることがある。

（f）儀礼や祈詞のなかでは、カルタシュはシラカバの樹梢に降下する鳥である。

三　ウマイと鳥・樹木

多様な性格をおびているテュルク語系諸族のウマイと、ウゴール語系のマンシのカルタシュ、ハンティのプゴス女神には、鳥の観念や形象が散見される。そのことは、民族誌には必ずしも明らかではなく、むしろ、神話上の観念や儀礼に反映している。

例えば、ハカスでは子どものできない女性のためにシャマンが行う子ども祈願の儀式で、ウマイは白樺の樹梢に舞い降りるよう招来される。その根のついた白樺の木は、ユルタ（天幕）

のなかの男性の空間に立てられ、その下には小さな卓をおいてさまざまな供えものをする。そこでシャマンは儀式を行い、予めウマイ・タスヒル山に赴き、そこにいるウマイに頼んで子どもの霊魂をもらいうける。太鼓に閉じ込めたその霊魂を持ちかえり、ユルタの煙穴から中へはいると、その白樺の木に向かって次のように唱える。(11)

白き虚空(空)より誘われ、
汝は誘われきたり、白きウマイに変じて。
白き鳥となりて、
ピジル-パジルと囀りながら、
汝は豊かな白樺の梢に降り立った、
黄金なす葉の白樺の!
碧き虚空より誘われ、
汝は誘われきたり、碧きウマイとなりて、
碧き鳥となりて、
ピジル-パジルと囀りながら、
汝は豊かな白樺の梢に降り立った、

白金の幹の！
ウマイ・イジェ　ハイラハン！

すなわち、ウマイは天上世界（？）から鳥と化して、地上の葉の生い茂った大きな白樺の樹梢に降下してくるというのである。その姿は白き鳥、碧き鳥と讃えられる。さて、女神が鳥の姿で樹梢に飛来するという観念はハンティ・マンシにも共通してあり、そこでも白樺が象徴的である。一般的に、シベリアの諸多の民族ではシベリアマツ、カラマツとならんで、白樺が儀礼や信仰のなかで特別な位置づけをもっている。

さらに、興味深いことには、「子どもを授ける母なる女神」は「巣で卵を抱く鳥」でもある。マンシのカルタシュ・鳥は「薄い絹の幸福な巣のなかにいる」として、つぎのように詠われてもいる。(12)

葦の生えた七つの湖の岸辺に
葦の枯れ枝で
娘を育てる良き巣を、
息子を育てる良き巣を

鳥のわたしはつくる、
わが胸の綿毛を
鳥のわたしは抜く。
硬い殻の卵を二つ
鳥のわたしは置く。
硬き殻の二つの卵は孵った――
小さき一羽は目がわたしのよう、
その嘴はわたしに似ている。
小さきもう一羽は
目がまるで違って、
口はまるで違う、
人間の女の子、
人間の子どもだ……

ここでのカルタシュ女神は、自ら卵を抱く母鳥である。生命の誕生が鳥と結びつけられている神話や伝承はオビ・ウゴールの諸民族の氏族起源に多く伝えられている。そして、思い起こされるのは、鳥の巣に生命が宿るという観念が、先述のように、エヴェンキやアムールランド、中国東北部のトゥングース語系諸族に特徴的に認められることである。

四　山で生命を授かる

テュルク語系諸族のウマイおよびオビ・ウゴール語系のハンティ・マンシのカルタシュ、プホスの観念や儀礼では、上述のように子どもに恵まれない女性のためにシャマンが子どもの霊魂を求めて山へ赴く。同じようなことが、ハカスのもとでは、ウマイ・タルタル（ウマイを引寄せる）と呼ばれている。それによると、シャマンは儀式のはじめに自分の補助霊を招来し、次いで火の主（Ot iddze）に向かって、火の主とウマイ主（Ymaj iddze）とは姉妹であると告げ、火の回りを三回廻って、その都度脂を一切れ火に投げ入れる。それから、火の主に子どもの霊魂を求めて遠征する許しを乞う。そうして、（儀式のなかで）シャマンは雲の高みに達し、いく重もの山並みを越えてウマイの霊魂保管所があるサヤン山脈のウマイ・タスヒル（山）に到る。シャマンは山に呼びかける。

どうか、開けておくれ、黄金の扉を、ウマイ・タスヒルよ！

我は左の肩に白き犠牲の羊を持ちきたった、
どうか、開けておくれ、黄金の門を、ウマイ・タスヒルよ！
汝の殿堂の裡に我を入らしめ給え、ウマイ・タスヒルよ[13]！

シャマンの執拗な呼びかけで、女神は山のなかにシャマンを導く。ハカスの観念では、その無数の通路の壁には子どもの霊魂のある揺りかごが架かっており、女の子の霊魂は赤いサンゴのビーズ、男の子のそれは矢であるという。シャマンはその霊魂を太鼓に付けると、急いで戻ってくるのである。

山に子どもの霊魂があり、それを求めにいくのがシャマンであるという同様の観念は西シベリア、ヴァシュガン河のハンティにもある。シャマンが子どもの霊魂 ilt を求めにいく道程は、「七つの海、七つの山、七つのシラカバの森を抜けた七段の山の上である。そこのプゴス女神の館には霊魂のはいった七つの揺りかごがあるとも、その揺りかごが館の黄金の屋根に吊るしてあるともいう（七という数はハンティのみならず、ケートでも聖数であり、叙事詩には修辞として頻出する）。また、後者の館の主がプゴスとは別の女神となっている伝承がバッハ河のハンティにある[14]。

民族誌から拾える限りでは、ウマイとそれに類する女神の観念や信仰・習俗は、中央ユーラシア、南シベリア、西シベリア、内モンゴルに広く、またかなり共通して認められる。ウマイの原義が出産に直接かかわる女性性器であり、例えば、ブリャト語の方言で洞窟が「母の腹」（エヒン・ウマイ）と称されることから考えるなら、山やその洞窟が大地の母胎であるとする想念には頷くことができよう。そのことは、今日も内モンゴルで「エヒン・オメ・シルゴリ（母の子宮潜り）」という洞窟や穴のある山に詣でる習俗があることにも示されている。山には何人も詣でることができ、子宝を祈願し、家畜の増殖、そして家族の安寧と至福を祈願できる。その根源的な観念は山そのものが母なる母胎であるということにあり、山に詣でることはその恩沢に浴したいという願望にあると言ってよかろう（図24参照）。

このことは、ハカスやハンティで、子どものできない女性のために、子どもの霊魂を求めて山へ登るというシャマンの歌にも符合しよう。ハカスの観念では山の無数の通路の壁には子どもの霊魂のある揺りかごが架かっているという[15]。無数の通路は洞窟を想わせる。そこにある子どもの霊魂は赤いサンゴのビーズ（女児）と矢（男児）に象徴されている。ただ、ここでのシャマンの役割が果たして本来的にウマイとかかわっていたのかということは考える余地がありそうである。

何よりも、シャマンは子どものできない女性のために一肌脱ぐわけで、それは現代でいえば不妊治療にあたる医師の役割に当たろう。前節で見たように、アムールランドやエヴェンキのところでは、シャマンの霊魂観はより抽象的観念的であり、それが病気治療や死者にかかわる儀式で具体的な形をとる。つまり、固有の霊魂観に基づいて誕生、病気など生命の諸相と死を説明する循環的な世界観を創出し、その霊魂に専有的にかかわるのがシャマンということになる。このことからいえば、南シベリアでウマイにかかわるシャマンの役割は多少異質であるという感じは否めないと思う。その点は、つぎのように、草原の石人像に子宝を祈願したというハカスの興味深い習俗からも確かめられそうである。

ブタナーエフによれば、「子どものできない女性はかつてハカス地方の草原を飾っていた女の石人（イネイ・タス）に援けを乞うた。もっとも崇拝されていたのは（オビ河上流）カトゥニ河の支流ネニャ河の谷にあるイネイ・タスで、毎年六月にはその頭に赤い布を結んで、供物を捧げる儀式をおこなった。そして集まった人びとは拝礼をし、儀式の主導者はこう唱えた。(16)

我らが母なるヒルギス・イネイ・タス！
我らは汝のもとへ客にきたり！
我らに悪しきことをしたもうな、
ここを過ぎ行くものに怒るなかれ！
女たちが子どもを産むのを援けたまえ！

女たちが産で苦しまないようにしておくれ！
子どもを育てる我らに幸せを！
我ら黒き頭の民（ハカス）に強健な命を！
我らが子だくさんで、家畜をもち、
健やかであるよう援けたまえ！

ユーラシアのステップに散在する石人のなかに、ここに見るように、ウマイに当たる豊穣の女神像、つまりは産土神があったとする事実は興味深いだけでなく、貴重である。そして、着目したいのはこの儀式ではシャマンはかかわっていないらしいことである。

五　天神になったウマイとカルタシュ・プゴ(ホ)ス

さて、ウマイの属性が本来的には山、大地にあるということからすると、ウマイに類する西シベリアのカルタシュ、プゴスが天上にあって、光や鳥として観念されているのはどういうことであろうか。ということは、ウマイが天上の存在になったいきさつを考えることになる。これまでみてきたように、ウマイは本来的に人間や生きものの生、大地の豊穣にかかわる母神である。しかるに、ウマイは天に在る高位の神（クマンヂン）、マンシのカルタシュは天神ヌミ・トルムの妻／姉妹などとあって、天界から地上に子どもの生命を授ける。その手段として陽光や虹、鳥があるのは理屈である。問題はいかにして大地の女神が天神に昇華したのかということにある。

ウマイが天神と並び称されているのはモンゴルにある古代テュルクの碑文である。その一つトニュクク碑文には「テンゲリ＝天、ウマイ、イエル－スブ（大地・水）」が戦勝を授けてくれたという顕彰が刻まれており、ウマイは天神、大地・水と並び称されている。[17] ウマイが記録に登場するのはこの七―八世紀頃の古代突厥碑文であるが、考古学資料としてはハカスの地域にあるスレク岸壁画（紀元前二千年紀）に描かれた人物像をテンゲリとウマイと解釈する試みがある。[18] 確かなことはいえないが、碑文や壁画資料から想定できることの一つは、それがウマイのそもそもの起原にかかわるということではなく、想像を逞しゅうするなら、モンゴルからアルタイ・サヤンの地域に依拠していたテュルク諸族の世界には、何時とは知れない古代から（天神テンゲリの起源は別として、）ウマイが知られており、それが碑文に記されていたということかと推測される。ただ、想像するに、天神テンゲリと同格に置かれたことによって、ウマイは天界の存在となったのではなかろうか。

このこととハンティ・マンシのカルタシュやプゴスが天神に在ることとは無関係ではないで

あろう。天神テンゲリと並び置かれることになったことから、ウマイとカルタシュ、プゴスは天界に属することになり、それゆえに陽光や虹を手段として、また鳥の特性を付与されて、天空から産婦や子どもの守護者として地上に降下してくることになったのではなかろうか。ただ一方では、ハンティ・マンシの神話世界のなかで、カルタシュ、プゴスという女神が本来どのような位置づけであったのかということも、合わせて考えてみることは忘れてならない。ともかく、ウマイ鳥が地上のシラカバの樹梢に誘われてやってくるのは、シャマンの儀式でのことで、こうして、ウマイはシャマンの世界観に取り込まれることになったのではなかろうか。[19]

また、樹梢には鳥の巣がある。エヴェンキやアムールランドのトゥングース語系のナーナイ語、ウデゲ語ではウマイ〜オメが女性の性器であり、同時に鳥の巣をいうとすれば、それは等しく生命の誕生の隠喩である。因みに、内モンゴルの北東部、大興安嶺のエヴェンキやモンゴル人のもとでは、近頃にもオミナラン（ominarang）、オミナレ（ominare）というシャマンの儀式がおこなわれている。萩原秀三郎はいくつかあるその儀式の一つとして、オメラルン（omēlarəng）という「子供の霊の強化儀礼」を紹介している。[20] また、モンゴル人シャマンのもとではオミナレと称する成巫儀礼が近年にも行われており、P・クネヒトの調査によると、ホロンバイルでの成巫儀礼の設いではテントの内と外に三本の白樺の木が立てられる。その「父の木」と「母の木」の間の木は *"eke-yin činar-un čig"*（Mother Origin Point）と呼ばれ、その木の人の胸の高さのところに、羊毛を交ぜた練り粉で作った鳥の巣が取りつけられ、そのなかにやはり練り粉の卵がいくつか入れられているという(21)。

六　山にある生命と樹梢に宿る生命

シベリア諸民族のもとで、生命の誕生のあり様を追い求めてみると、それが一方では樹木と、他方では山と深く関わっていることが明らかである。シベリアの東部からアムールランドの、特にトゥングース語系諸民族のもとでは、霊魂オメ~オミなどは天界の大樹にあって、鳥の姿で地上の樹梢に降下して宿るというようである。その鳥の巣はウメとも呼ばれ、女陰の意である。他方、南シベリアや西シベリアの諸族では、子どものできない女性のためにシャマンは霊魂を求めて山・ウマイのもとへ赴く。このウマイの観念と習俗は南シベリアを中心として中央ユーラシアのテュルク語系の諸民族に典型的に認められ、内モンゴルから中国東北部にも拡がっている。一方、西シベリア・ウゴール語系のハンティ・マンシではウマイに類する女神カルタシュとプゴスは天界にあり、地上に子どもの霊魂を運ぶ。ハンティ・マンシは言語系統からいえば、テュルク語とは別である。この点については、南シベリアから遙か北方、西シベリアのオビ河中下流域に分布するハンティ・マンシの民族起源の観点から考えてみなければならない。

とはいえ、これまでみてきたように、シベリア諸民族の世界には、どうやら、山にある生命と樹梢に宿る生命という二つの観念と習俗が明らかであって、それは、概していえば、系統的に異なる地域文化であるように思われる。そして、山に生命をみる民族文化の地域では、それにかかわるシャマンの役割は必ずしも本来的ではないような印象を受ける。

第三章　日本の山の神

一　山の神と木樵・狩人

柳田国男の『遠野物語　山の人生』に「山人考」がある。この論考には、山にまつわるさまざまな日本の伝承や習俗について、日本列島に人が住みつくようになった遙か遠い時代にまで遡って想像してみなければならないとある。

なかでも、「山人考」は大正六（一九一七）年に日本歴史地理学学会大会での講演手稿であるが、その冒頭でこう述べている。「現在の我々日本国民が、数多の種族の混成だということは、じつはまだ完全には立証せられたわけでもないようでありますが、わたしの研究はそれをすでに動かぬ通説となったものとして、すなわちこれを発足点といたします」と。柳田がこう述べた時からずっと後、戦後になって、日本民族文化の起源については盛んに議論されるようになり、民族学・民俗学・考古学・言語学・人類学や歴史学・神話学などを専門とする先達たちによって、総合的なシンポジウムなどが展開された。そして、二一世紀の今日では、日本国内ばかりでなく周辺諸地域の考古学研究、遺伝子・ゲノム解析などの高度なテクノロジーとITなどによって、日本列島の先史文化、日本人の起源について新たな議論や実証的な試みもなされてきている。

問題は、この日本列島に住みついて暮らすようになった私たち日本人の遠い祖先、すなわち、この島国の先住民はいつの時代に、どこからやってきたのか、それはどういう人たちであったのだろうかということにある。大和は瑞穂のくに、稲作文化の国であるとして、では、それより以前人びとは、どのような生活をしていたのだろうか。このいわば、日本文化の起源を説き明かそうとする努力のなかで、主要な関心は各地にあった焼畑農耕と狩猟に向けられていたといえよう。稲作以前に行われていた焼畑農耕は、長らく各地で続けられていたから、それに携わる山民の山の神信仰を明らかにすることは重要な課題であった。例えば、柳田国男は早くに宮崎県の椎葉村で聴き取りを行っているし、また、佐々木高明は中部インド、東南アジア、台湾の山地民での調査を重ね、九州や四国山地の焼畑民の山の神を執拗に追究した(1)。

図 26　アイヌ絵（山の神）
（佐々木利和『アイヌ絵の世界十選（3）』, 2020）

山の神は日本文化に深く、また広範にかかわりがあって、その様相は簡単には捉えられないことは事実である。「山の神」をテーマに掲げた従来の議論からそのことは察せられる。山の神は山仕事をする木樵などとかかわりが深い。その詮索は柳田の「石神問答」にもある。これは「石神」に関して、柳田が山中笑、白鳥庫吉、喜田貞吉、佐々木喜善ほか幾人もの人たちと書簡でやりとりした問答集である。それには全国各地に「ヤマノカミ」の祠があって、「猟師や木樵が山に入るときには必ずそれに奉祀する」ということ、「山口祭、木元祭は昔ゆかしき式なり　遣唐使の船を作る折にも木霊並びに山神祭とて奉祀すること『延喜式』に見ゆ、アイヌの中にも全然之と同じ祭あり、『蝦夷国志』にはその祭の詞までを挙げたり」などとある[2]。

その『蝦夷国志』の元とみられているのは、江戸時代に著された村上島之允（村上貞助）『蝦夷生計図説』というアイヌ世界を描いた絵図である。そのなかに、「舟敷（丸木舟）となすべき木を尋ね山に入らんとして山神を祭る図」と墨書された一葉がある。その説明では「山の上り口近くの木の傍らに木弊（イナウ）をささげ……雪中、脚絆に輪かんじきをつけた男が極寒の中で、木の皮の繊維で織ったアットゥシ一枚で祈っている」とある(3)（図26）。これから伐らんとする樹木に木弊を捧げ、山の神に祈りを捧げるというのである。

二　山の神の話

船大工や木樵、そして、殊に、狩人にとって山の神は格別な存在である。一方では、山の神の産後の空腹に同情した狩人が、そのことによって獲物に恵まれたという話がある。柳田の『後狩詞記《のちのかりことばのき》』（明治四二年に印刷された私家版）には、宮崎県椎葉村での猪狩の聞き書きや狩ことば、狩の作法、種々の口伝が集められている。その付録に「山神祭文猟直しの法」という次のような記事がある(4)。

山の御神　数を申せば千二百神　本地薬師如来にておはします。……天の浮橋の上にて山の神千二百生まれ玉ふにゃ　この山の御神の母　御名を一神の君と申す　此神さんをして三日までうぶはらをあたゝめず　此浮き橋の上に立玉ふ時　大摩の猟師毎日山に入り狩をして通る時に　山の神の母一神の君に行きあひ玉ふとき　我さんをして今日三日になるまで　うぶはらをあたゝめず　汝が持ちし割子を少し得さすべしと仰せける　……〔大摩の猟師はそれを拒否して往ってしまう〕其あとにて小摩の猟師に又行あひ　汝高をいふもの也我こそ山の神の母なり　産をして今日三日になるまで　うぶはらをあたゝめず　山のわり子を得さすべしとこひ玉ふ　時に小摩もうしけるは　さてさて人間の凡夫にては　産をしては早くうぶはらをあたゝめ申事なり　ましてや三日まで物を聞しめさずおはす事のいとをしや　今日山に不入　明日山に不入とも　幸ひ持しわり子を一神の君に参らせん　かしきのうごく　白き粢の物を聞しめせとてさゝげ奉る　其時一神の君大によろこび　いかに小摩　汝がりうはやく聞せん　是より丑寅の方に的て　とふ坂山といへるあたり　七つの谷の落合に　りう三つを得さすべし　猶行末々たがふまじと誓て過玉ふ……

山の神の母神である一神が出産をして三日も食事をしていないところへ、猟師が行き会う。山の神は猟師に弁当を分けてくれるよう懇願する。最初の猟師大摩はそれを拒絶する。二人目の小摩は一神の頼みに哀れを催して、自分の弁当を供する。一神はそれをよろこび、猟師に獲物を授け、後々までの猟運を約する。端的にいえば、山の神への恩義によって、猟師は獲物を授かるということである。すなわち、山の神は明らかに獲物の配剤者である。山が獲物を掌握し、狩人たちにそれを分かち与えるということは、先にみたアルタイの山岳信仰ばかりでなく、シベリアの狩猟民世界でもっとも一般的な「山の主」の属性である。

三　山の神――産の神

柳田の『先祖の話』は、昭和二〇年の擱筆であるが、そのなかに「神を負うて来る人」と題する文がある。それは各地で朧気ながら記憶されているという話で、出産に際して、馬の背や背負縄で山から神を迎えるというのである。また、「関東越後から奥羽にかけての弘い区域では、今でも少しく産が長びくと、馬を牽いて山の神を迎えに行くという風習が、稀にはまだ残っているのである。[5]……」。さらに、柳田の『遠野物語拾遺』には、遠野のこととして、次のような記事がある。

此地方では産婦が産気づいても、山の神様が来ぬうちは、子供は産まれぬと謂はれて居り、馬に荷鞍を置いて人が乗る時と同じ様にしつらへ、山の神様をお迎へに行く。其時はすべて馬の往く儘にまかせ、人は後から附いて行く。そうして馬が道で身顫ひをして立ち止まった時が、山の神様が馬に乗られた時であるから、手綱を引いて連れ戻る。場合によっては家の錠前で直ぐ神様に遭ふこともあれば、村境あたりまで行っても馬が立ち止まらぬこともある。神様が来ると、それと殆ど同時に出産があるのが常である。

ところで、「馬を飼って居ない家では、オビタナという子供を負ぶう帯を持って、迎えにいく。そして、子供が産まれたら神社か村の道又へもって行って、送りかえさなければならない」と記している[6]。

つまり、出産間近に山の神を迎える、それも馬を曳いていって、それに乗せてお連れするということである。遠野では馬を飼っていたが、馬のない家では子どもの負ぶい帯をもっていくという。こうしてみると、産まれてくる子どもは山の神がつれてくるということになるのであろうか。また、谷川健一は「山の神迎え」について、遠野に類する習慣が他にもあることを記している。

出産がいよいよ始まろうとするとき、山の神を急いで迎える風習が東北や関東に見られた。茨城県多賀郡高岡村では、難産の時は、家人が鞍を置いた馬を曳いて山の神を迎えに行く。馬がとまると、山の神が乗ったものとして、家にかえる。

つづけて、「ウブガミが山の神である理由については、便所神と同様に、研究者の間では宮田登の『神の民俗誌』（岩波新書、一九七九）以来、今日にいたるまで、一向にはかばかしい答えが出されていないことに失望するほかない」として、山の神を狼とする考えを記している。[7] 確かに、アイヌの場合には熊であるように、大型の陸獣が山の神とされ、崇められることは実際にあることではある。

山の神が出産とかかわることについて、ネリー・ナウマンは諸説に触れながら、次のように独自の見解を述べている。「幾重もの折重なりあるいは混淆によって、ついに祖霊と山の神が入り交じってしまったが、そこでは、霊魂の担い手としての樹木が重要な仲介役を果たしたのである。かなり多くの伝説にある樹木と死霊との関係からはっきりするように、樹木が、年を経たのち新しい人間としてもう一度生まれ変われる死者の霊魂を担うことができるとするなら、木に子宝を願うのもしごく当然だと考えられる。……山の神のもっている樹木との関係が、この神の観念複合の全体に対して、ある部分で樹木霊の観念から出てきたような個々の特徴を加味することになったと言えるだろう。[8]」実際、山は樹木とは不可分ではあるが、ナウマンはこの文章の前段で「山の神の住まいとしての木」を論じている。先に挙げた、舟作りの話でも、山に入った木樵は樹木のカミと山の神を奉ずるならわしのようであるが、その両者はここに論ぜられているように、本来、別々の神ではなかったろうと思う。

四　山の神は女神？

日本各地に伝えられている山人の情報資料を博捜しながら、柳田は山の神の問題を明らかにしようとした。この「山人」には実にさまざまなイメージや伝承があって、山男、山女、大人、異人、山姥などばかりでなく、そうした山人の伝承に天狗や鬼までが結びついている。そのなかで、山の神が出産と何か深いかかわりがありそうなことは知られているものの、その由来は明らかにされていない。時代が変わって最近では私ども主婦のことを「うちの山の神が」とはあまり口にされなくなったようではあるが、この山の神は女性、つまり、「女神」である。柳田は山にまつわるさまざまな伝承や習俗を取りあげて論じた挙げくに、「ただし実際にこの問題はむつかしくて、もうこれ以上に深入するだけの力もないが、とにかく自分が考えて見ようとしたのは、何故に山の神が女性であったかということであった」（傍点　荻原）と吐露している。(9)

日本文化の起源を探求するなかで、その基層文化を執拗に追求しつづけた佐々木高明は、国内ばかりでなく日本周辺地域の焼畑文化をも視野に入れながら、多角的に山の神信仰を考察しつづけた。この国の山の神が厄介なのは、「農民の山の神・山民の山の神」である。山民の山の神にはしばしば焼畑がかかわっているが、そうでない場合もあり、またマタギと呼ばれる東北地方の狩人では熊狩や熊神信仰が顕著であって、熊こそは山の神であるとする考え方もみられる。他方、そのような多岐にわたる議論をへても、山の神が女神であるという民間信仰を明らかにする見通しは得られていない。現今でも、先の青函トンネルのような大規模な土木工事にかかわる男性たちの間では、山の女神の存在は意識されていたようで、大学で土木を学ぶ女性が現場へ実習などに入ることを是としないという話があった。それは山の女神の嫉妬心と怒りをよび、思いがけない事故に繋がるかも知れないという危惧の故だという。佐々木は、出産間近に山の神を迎えにいくという東北地方の山の神が産育神であることについても、柳田と同じようにあきらめの態ではあるが、「東北日本の山神が産育神に結びつくとは、現時点では言い切れない。しかし、今後、両者を結びつけるより積極的な媒介項が見出せれば、その関連が明らかになる可能性は否定できない」と述べている。(10)

第四章 シベリアの狩猟民世界――山の主《ぬし》とウマイ

一 山の主は獲物の配剤者

シベリア諸民族には、自然界を「主《ぬし》」と見る観念が遍くその文化の基底にある。「主」は、エージ～エジェ―エジン（トゥングース語）、エー―イイエ―イエ（テュルク語）、イッチ（サハ語）、イズ（ニヴフ語）などと称され、自然界に遍在する霊的、神的な存在をいう。山のカミは、すなわち、山の主である。山は特定の山ではない。モンゴルやチベットなどでは山にあるオボの傍を通りかかるときには、人は必ずそこへなにがしかの志を供えるという。人の、狩人たちの営みの場である山、その森や川、湖などの何処にでも主は想定される。主は特定の形象を持ってはいない、姿のみえない存在である。そして、どこか特定の場所に位置づけられてもいない。山それ自体、森そのものであって、つまり、主は自然界の至るところに遍在していることになる。それが具体的に意識されるのは、狩人や漁師が獲物を得ようとして山や森へ入って、例えば、仮小屋を設け、そこを拠点として歩きまわろうとする処、そこの主である。山という自然界が抱擁している獣も鳥も魚も、そして植物も、その山の主の領分である。人間はその主に声をかけ、贈りものをして、その歓心が自分に向けられるよう働きかける。

狩や漁の首尾は人間の力量によるだけではなく、主とのかかわりに左右される。それゆえ、狩を前にした狩人とその家族には、守らなければならないしきたりが少なからずある。それは、不可視ながら確実な存在である山の主を意識してのことで、どこまでも獲物に与えることに目的がある。獲物は生きる糧である。

シベリア諸民族でいうところの自然の主と比較できるのは、アイヌのカムイである。カムイは、アイヌ文化を特徴づけるもっとも基本的な語であり、観念である。その中には、先に挙げた『蝦夷生計図説』にあるように、木樵が山入りをして、山仕事に先だって許しを乞うのは山のカムイ、樹のカムイである。山のカムイは主に違いない。また、アイヌの叙事詩である神謡（カムイ・ユーカラ）には鹿のカムイと魚のカムイが、人間による鹿や魚の扱いがぞんざいであることを不服として、地上へ鹿も魚も下賜しないという話がある。(1) 鹿のカムイ、魚のカムイはそれぞれの主である。天にあるというそのカムイは獲物を掌握している自然界の主であろう。神謡の主題は、人間の行いに不備があれば、それは自然界にとっての禍となり、それはまた人間の世界へはね返ってくるという明快な思惟である。神謡の短い詩篇には、現代社会が遅まきながら気づいた、自然環境に対する人間の独りよがりを戒める話がいくつもある。その根底にあるのは、自然界の主・カムイと人間アイヌとの相互依存という真っ当な世界観であるといえよう。

このことからいえば、シベリア諸民族の文化には、カムイに相当するような語は見られないように思う。つまり、エジン～エジェやその類語とカムイとは、必ずしも対応してはいない。自然界の存在がカムイと「呼ばれている」ことにアイヌ文化の特異性があるとしても、カムイと称される生きものや自然現象が主というわけではない。カムイという語は多義的である。

狩人にとって獲物の獣は山や森の主の配下にある。それは不可視の存在であるが、シベリアの説話のなかでは、主はさまざまな姿をとって語られている。サハリンのニヴフでは、海幸を掌握する主の老人が海底にいて、人間のために魚やアザラシを海に放出するが、人間が魚を粗末に扱うと、傷ついた魚たちがそこへ戻ってくるという(2)。何という、深淵な自然観であろうかと思う。シベリアのエヴェンキでは、山上に雌トナカイが鎮座していて、大地のあらゆる獣の毛を掌握しているという話がある。その他、説話や伝承では主はさまざまな動物の姿でも、白髪白髭の老人、若い女人としても登場するが、また姿を見せずに声ばかりで狩人とかかわって、獲物を授けるという話もある。(3)

シベリアの狩猟民文化で特筆しなければならないこととして、自然界の主は贈りものや美味ばかりでなく、歌や昔話、叙事詩語りを歓ぶということがある。狩人たちは山や森の狩小屋で昔話を語り、モンゴルやアルタイではアルタイの山の主に讃歌や英雄叙事詩を詠って、その歓心をかう。アルタイの主は、それを歓び、返礼に数多の獲物を猟師たちに授けてくれるという。また、サハの狩人は、狩へいくときに英雄叙事詩オロンホの詠い手を伴う。詠い手の役割は、狩には参加せず、毎晩狩小屋のなかで叙事詩や昔話を語ることであった。そうすることによって、山の主や森の主は、狩人たちの罠に獲物を送り込んでくれるのである。確かに、秋冬雪に閉ざされた山の深閑には、詠い手の声はどこまでも遠く響きわたる。山の主はそれに聴き入っている……二〇世紀初頭まで、文字を持たなかったシベリアの諸民族社会で、英雄叙事詩などの口頭伝承が根強く保持されてきた背景には、自然の主を相手とする狩猟文化との深いかかわりがあったといえるかもしれない。

自然界の生きものが山や森の主の所轄するところであるという観念は、シベリアばかりでなく、ユーラシアのもっとも西にあるフィンランドの叙事詩『カレワラ』にもはっきりと詠われている。

森へ入ってオオジカを捕らえなければならない若者レンミンカイネンは、森の女主人ミエリッキにありとあらゆる美辞麗句を弄して、自分の許へオオジカを放してくれるよう懇願する。それは求める乙女の母親からの難しい条件、試練であった。森の女主人には夫も娘たちもいて、若者は次ぎつぎとその全員に甘言を口にして獲物の下賜を訴えながら、森の中を彷徨うのである。(4) こうしてみると、この自然界の主は、北ヨーロッパからずっとこちらの日本列島まで、ユーラシアに生きてきた人びとの営みの基底をなした狩猟民的な共通の観念であったといえそうである。

さて、狩猟民のもとでは、山の主は獲物の主であり、獲物の配剤者である。アルタイでは、狩人は山へ入ると習慣にしたがって常に食べ物などを山の主に捧げ昔話を語り、英雄叙事詩を詠う。先に挙げた椎葉村の『山神祭文猟直しの法』では、産後の女神に同情して弁当を分け与えた狩人小摩に、山の神は獲物のある場所を教え、さらに「行く末にも獲物を授けよう」と約す。狩人の温情に対して、山の神は山幸を授けることにしたことになる。その山の神は、明らかに、シベリアの山の主に匹敵しよう。ただ、この話では山の神が出産をしたということから、女神であることは明らかである。山の神は女神であるのだ。

二　山は生命の母胎・ウマイ

山の神がお産で苦しんでいる所を猟師が扶けたという話、出産に臨んで山へ馬を曳いていって山の神を迎えるという習俗には、山に生命が秘されていることが示唆されている。そう考えることができる。山の神が多産であるということから、オオカミを山の神と見なすこともごく自然のことかもしれない。山には産まれてくる生命が宿っているのだとする観念や習俗はシベリアの諸処にあって、既述のように、殊に南シベリアの山岳地域では顕著である。

ロシアのアルタイ研究者であるA・M・サガラエフは『神話の鏡のなかのアルタイ』という小著のなかで、この地域では山を家とする見方があることを明らかにしている。(5) つまり、「春には山の扉が開いて、そこから獣や鳥が放たれる」といい、また、山は擬人化され、その「ボタンをはずして懐を露にする」とも語られ、あたかも山は産まれてくる生命を胚胎しているかのようである。

鳥獣ばかりではない。同じアルタイ地域のハカスのシャマンが、子どものできない女性のために儀式を行い、子どもの魂を求めてウィマイ・タスヒルへ旅をするという話がある。ウィマイ・タスヒルとは、「母の懐」の意で、くり返しになるが、シャマンはその母なる女神の山に到ると、次のように唱える。

どうか、開かれよ、黄金の扉を、ウィマイ・タスヒル！
左の肩に我は白き生け贄の羊を担い来たり、
どうか、開かれよ、黄金の扉を、ウィマイ・タスヒル！
我をそなたの殿舎の裡に入らしめよ、ウィマイ・タスヒル！

「この山の奥深くには未来の子どもたちの霊魂の入った揺りかごが吊されている。シャマンはその洞窟から霊魂を家にもち帰り、女性の体内に移す（つまり、彼女は霊魂の入ったミルクを飲む）」という。先述の「アルタイの山岳崇拝」ではショルの一族の祖先がカラ・タグ（黒山）の「石の揺りかご」に生まれたという伝承が知られている。こうしてみると、山は、明らかに、生命を宿す母胎である。

そして、この「ウィマイ」、「ウマイ」は、前節でみたとおり、出産と子どもの生育を見守る母神である。それは、アルタイ・サヤン山脈地域から中央ユーラシアのテュルク語系諸民族にもひろく知られ、信じられている産の女神である。例えば、中央ユーラシアのカザフには山の神「ウマイには子供が多かった。一二人の娘を育てた」とある。(6) ウマイに類する女神は西シベリアの諸民族にも、また中国東北部からアムールランドの諸民族にも認められる。ウマイという語は「母胎」、「母の懐」など多義的であるが、本質的には出産や子どもの養育に与る産の神ということができよう。

ただ、アムールランドのトゥングース語諸族（ナーナイ、ウリチ、ウデゲなど）ではウマイの語に類するウメ～オメは母胎と同時に「鳥の巣」をも意味する。そして、そこに生まれる生命は、天界もしくは山上にあって、オムスン・ママとかサグジ・ママなどという大姥神の守護する大樹の枝に憩っている小鳥であるという。

このことから、大まかにいえば、エヴェンキやアムールランドの諸族では生命は樹木、樹梢の巣にあるという観念や習俗があって、生命・霊魂にはシャマンが関与している傾向がある。それに対して、サヤン・アルタイ山脈地域から内モンゴル東北部の山岳地域では生まれくる生命は山にあるという。ウマイの信仰や習俗には多様な特徴が認められるが、その原義が「母胎」であるということは、すなわち、山が母胎であるということになろう。人間の生命ばかりでなく、「春には山の扉が開いて、そこから獣や鳥が放たれる」というアルタイの詩句は、地上の生きものもまた母なる山に宿っていて、そこから放たれ、狩人に授けられるということになる。

ただ、このような観念や信仰はシベリアの諸民族全般に通ずるわけではないように思われる。

つまり、山に生きものの生命の誕生をみるウマイの観念は南シベリアから内モンゴル東北部、西ではそれに中央ユーラシアの諸民族に特徴的であるが、北の森林ステップからタイガ地帯、北極海沿岸地域、北東シベリアでは今のところ明らかでない。

ただ、東シベリアのサハではウマイの名称は明らかではないが、それに共通する特徴をもっているのはアイシットという豊穣神、産の女神である。この女神は天界ではなく大地に近いところの東に在り、夏に太陽が昇るところには人間のアイシット、冬に太陽が昇るところには馬のアイシット、地下には牛のアイシットがいるという。

人びとはアイシットに「陽気な笑い」を願い、「新生児が生きて、その子どもが自分ですわれるようになり、幸せに成長するように」と祈る。V・L・セロシェフスキーの著書『ヤクート人』(一八九六)によると、かつて裕福な家庭では妊娠中にアイシットに家畜を捧げた。家畜を屠るのは出産の折で、まさにアイシットが「無垢の少年と少女、草や樹、大地の精霊たちを引き連れて」産婦の枕もとにやってくる時だった。赤ん坊か産婦が死ぬようなときには、アイシットは来ないで、代わりに悪魔がやってくるという。犠牲にした家畜の内臓は煮てアイシットに捧げ、肉は家族や見舞い客や、産婆と産婦自身が食した。出産の時に、赤ん坊をとり上げた産婆は、「アイシットよ、赤ん坊を下さって感謝します、そしてこれからも赤ん坊をお願いします」と唱えた。アイシットは三日間産婦の家に留まるが、その間産婦は産屋に寝ていなければならない。三日目に産婦は床上げをして、自分の寝所に戻る。その時、男性は家のなかにいてはならない。火の周りには帽子をかぶった女性たちが車座になって、溶かしたバターを火に注ぎ、それを食べ、手にとって顔にぬり、三回笑い声をたてる。このバターはあらかじめアイシット、産婆、それに客たちのために三つのカップに用意しておかれる。このような儀礼がすんで、後かたづけが終わると、アイシットは往ってしまう。特徴的なことは産の女神アイシットは子どもの誕生後、三日目に産婆や女性たちの笑い声で送られるという。

同じことはヤクーチア北方のトナカイ牧民の間でも、産の守護神アイイヒットが産後に女性だけの儀礼で、やはり笑い声で送いだされるという、特異ながら、興味深い例がある。子どもの誕生は喜びである。同様の儀礼は管見ではシベリアの他の民族には明らかでない。

三　ウマイ――後期旧石器時代の洞窟絵画

ウマイの原義は女性性器である。南シベリアの諸民族のもとでは、ウマイはさまざまな象徴的な意味合いをもち、信仰となり、先述のように、内モンゴルの北東部シリンゴル高原では、山頂の洞窟を潜る「エヒン・オメ・シリゴル」、すなわち、「母の胎内もぐり」という習俗が今日にも見られる（前掲図24参照）。そして、古くには、ウマイの図像は人類文化の始原、後期旧石器時代の洞窟絵画にある。

フランスからスペインにかけての山岳地域には、数多くの洞窟遺跡が知られている（前掲図22）。洞窟は地下深く、あたかもモグラや蟻の巣のように長いだけでなく、多くの側洞や穴などに枝分かれをして拡がっている。その側壁や天井には馬や牛、バイソン、トナカイなど、主として、多くの種類の動物が彩色や線刻で見事に表現されている。後期旧石器時代（およそ四万年前――一万五千年前）は氷河期で、ヨーロッパの大地は氷河に覆われ寒冷ではあったが、各地には人が生活をしていた痕跡がある。洞窟絵画の伝統はフランコ・カンタブリアと称され、南フランスからピレネー山脈、カンタブリア山脈の地域に広がっている。スペインではビスケー湾に面した山岳地域に百以上もの洞窟と岩陰遺跡がある。『北スペインの旧石器時代洞窟絵画』[8]によると、その中程のカンタブリア地方にあるチト・バスティリョ（Tito Bustillo）洞窟は、絵画の数が多いことだけでなく、その手法や美学的な観点からも非常に重要な遺跡であるという。

数百メートルもの長い洞窟の中は、図像などの特徴によって東西に分けられ、十一の区画が仕切られている。この洞窟遺跡で、もっとも重要視されているのは西側の第十区である。ここには十頭の馬が描かれた「馬の部屋」をはじめ、質量ともに豊富な図像などがあって、その作成年代は後期旧石器時代の長期に亘っていると考えられている。東側と西側で、また区画によって描画や彫刻による動物やテーマには違いがある。東側では十五の動物像（オーロクス・野牛、雌雄のアカシカ、馬、クジラなど）や、百以上の赤色の図像（手形、女陰、丸や楕円、点々など）が見られる。西側では九十二の動物像（そのうち、二十二は馬、雌鹿十四、雄鹿七、その他トナカイ、山羊、オーロクス、バイソンなど）、そのほかさまざまな意味不明の記号（?）があり、その多くは赤色であるが、黒色の例もある。このような洞窟内の各部で絵画や造形、表現されている動物や主題に違いがあるのは、当然のことながら、創作された時代が異なり、また、そこに生活した人びとの文化的な背景や伝統が異なっているからであろう。発掘によって、画作の際に明かりを灯した炉、食物の痕跡、骨器や石器、顔料などが見つかっている。[8]

このチト・バスティリョ洞窟遺跡の年代について、遺されている図像などから、ここに人が住んでいたのは、約二万年前より以前から、約一万二千七百年前／一万二千五百年前頃までと推定されている。[9]

この洞窟の東側の第三区に「Vulvae（女陰）の部屋」がある（前掲図21参照）。それは長い回廊の上方の側室にあり、図像は赤い色で描かれた女陰、円形やYの字であるが、これも女性性器と見られている。その他、同所には頭はないが、やはり赤色の女体の像、無数の赤い色の点々が描かれている。[10]

全般的に洞窟絵画では人間の表現は稀少であるが、『先史時代のシャマニズム』の著者によると、「人体の部位はポジでもネガでも多くの例がある。手、頭、女陰、男根などのほか、果たして人間であるのかどうか判定しがたいシルエットは「幽霊」として知られている。」そして、女陰について、洞窟絵画の権威である著者たちが次のように述べていることは注目に値する。

> 描画や彫りもの、粘土の塑像の女陰の大部分を含む性器は先史美術のなかで別個のカテゴリーとなっており、手についてもまた同様である。手紋は美術のもっとも古い段階、恐らくはオーリニャク（ショウベ洞窟＝三万一千年前）、グラヴェット期（Conquer 洞窟他＝二万二千年前）に比定されよう。一方、女陰は最初期から一般的であり（ショーベ洞窟、Conquer, ドルドーニュ渓谷のオーリニャク期の多くの岩陰遺跡）、次いでソリュートレ期に表れ、そして、特にマグダレーヌ期に認められる。かくして、性のテーマは上部（後期）旧石器時代の全期を通じて時代や場所により多かれ少なかれくり返されている。(11)（傍点　荻原）

洞窟絵画は原始美術として美術史の黎明期に位置づけられている。その画家たちの一部はネアンデルタール人とも考えられているが、基本的にはホモ・サピエンス、クロマニヨン人、つまりは、私たちの直接の遠い祖先ということになる。洞窟絵画を遺してくれた人びとが生きていた後期旧石器時代、北半球の大部分はまだ氷河に覆われていた。その間に、洞窟や岩陰を住居としていた人びとが描いた女陰にはどのような意図があったのであろうか。それは何と呼ばれていたのだろうか。無論、それは知る由もない。だが、三万年前よりもっと以前に比定されているショーベ洞窟（フランス南部リヨンの近く）の女陰を初めとして、同じモチーフが後期旧石器時代を通じて描きつづけられたのは何故であろうか。当時の芸術家たちの創作には、時代や場所によって対象の動物の組成やモチーフなどには違いがあることが明らかにされている。にもかかわらず、グラヴェット期からマグダレーヌ期までおよそ二万年のあいだ、つまり、今から一万年ほど前までの間、同じモチーフが各地の洞窟で描かれたことになる。考えられることのひとつは、女陰についての変わらぬ観念や意識が一貫して人びと、先史時代のわたしたちの祖先に受け継がれてきたからではなかろうか。つまり、洞窟についての確固たる観念が途切れることなく、人びとの生活のなかで重要だったからではなかろうか。そして、それはまた、現代にまで継承されてきたのかもしれない。

山や洞窟に結びついているウマイ～ウィマイ～ウメ～オメの語は、まさに女陰や母胎など出産にかかわる女性性器を意味し、中央ユーラシアから南シベリア、内モンゴル東北部にまで共通に認められる。一方で洞窟に表された女陰は、まさにそこから獲物となる生きものたちが生まれ出るところであり、洞窟は生命を胚胎する母胎であるという先史時代の人びとの確たる意識の証であろうと思う。大地は母性であり、その母胎・洞窟には自分たちの望む獲物の動物たちが宿されている……と先人たちは信じていたに違いない。スペインのカヴァラナス洞窟遺跡には、今まさに産まれてきたばかりかと思われる感動的な仔ジカの画像がある（前掲図23参照）。

終章

ウマイ母神――ユーラシア最古層の狩猟民文化

一　人類の拡散――シベリアの後期旧石器文化

南ヨーロッパの洞窟や岩陰に絵画などの造形が作られた後期旧石器時代の最終期、約三万五千年前―約一万年前は氷河期であった。ヨーロッパの氷河期には幾度か寒冷期と温暖な時期とがくり返され、最後の氷期が終わろうとする約一万二千年前からの時代は間氷期とよばれ、温暖な気候が訪れる。氷河期を人類はどのように生きてきたのだろうか？　これについては、先史考古学の世界で多くの議論と調査研究がなされてきている。

シベリアの旧石器時代を調査研究してきた木村英明は、「シベリアからサハリン、北海道に

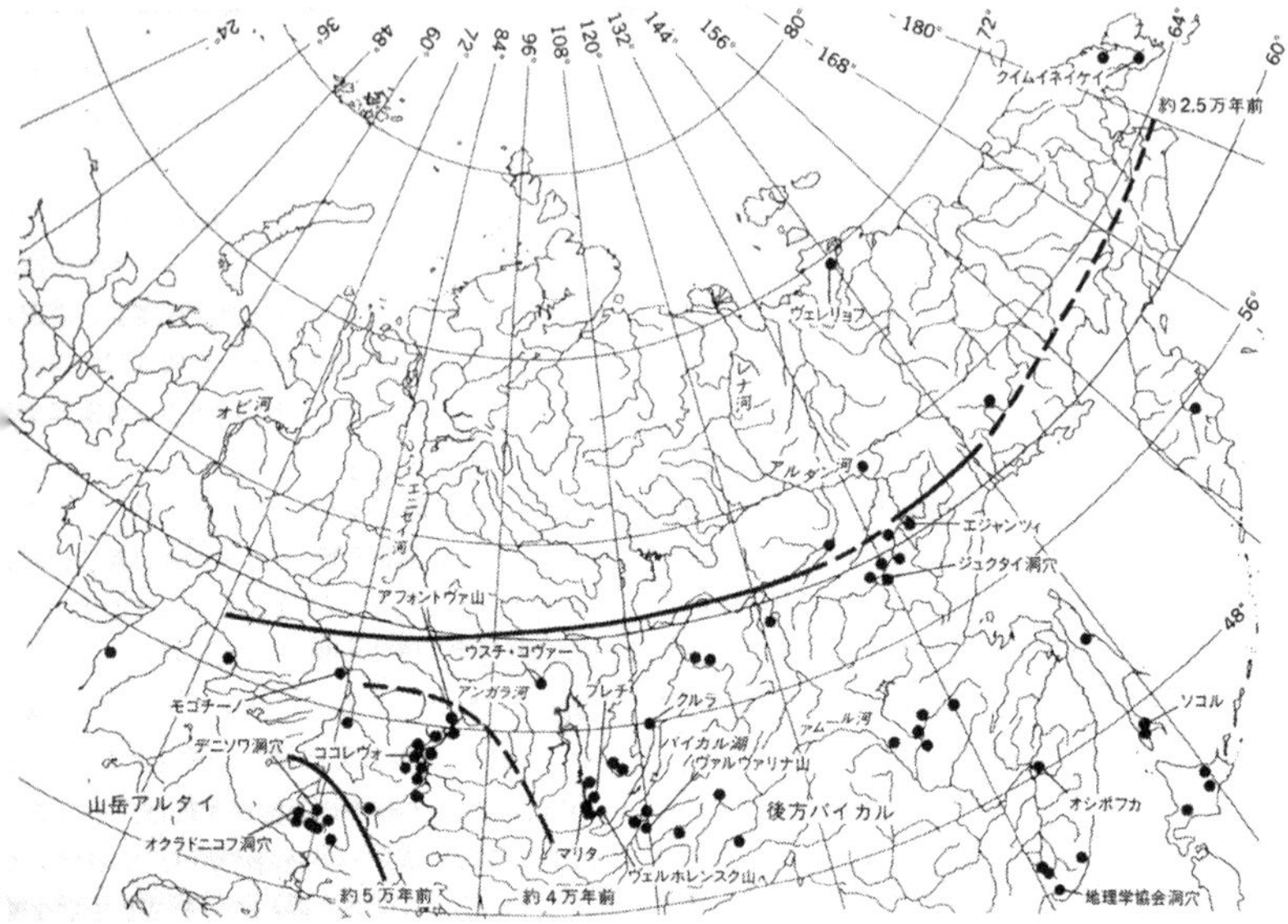

図27　シベリアからサハリン、北海道にいたる旧石器時代の遺跡
（木村英明，1998）

いたる旧石器時代の遺跡」という興味深い図を示している[1]（図27）。それを見ると、約五万年前までの遺跡は、今日のアルタイ山岳地域に分布しており、そのなかには良く知られた「オクラードニコフ洞窟」、「デニソワ洞窟」がある。その後、約四万年前までには遺跡の分布はより北方に拡がり、エニセイ河上流・アンガラ河の流域に集中している。そして、約二万五千年前までには遺跡は北緯六〇度前後まで、つまり、シベリア全域に分布しており、アムール河流域、沿海州からサハリン、北海道までも拡がっている。

　約五万年前から約二万五千年までの間に人類が寒冷な大地をかくも広範に

移動し、生きてきたということには、今さらながら、驚くばかりである。現代の私たちの人生は、精々二〇世紀、つまり、二千年余りの年月の最後の数十年からであることから考えてみるなら、数万年という長大な時間と空間には、一体どれほどの人生があったのだろうか、そして、また、その人びとの生命を今の私たちは何ほどか継承しているのではないだろうか。

先史時代の人類の移動には様々な要因が考えられている。シベリア考古学でも驚異的とみなされている遺跡がある。それはシベリアの最北の地、北極圏のヤナ河河口近くのヤナＲＨＳ遺跡で、その年代は三万三千年前と確かめられている。そこでは炉址、バイソン、トナカイなど多種の動物の骨、石器や骨器、狩猟具の他、装身具などの遺物が発見されており、その時代、寒冷な環境のなかで人の生活が営まれていたことが明らかにされている。[2] 氷河期の寒冷な気候、自然環境は、人類の移動を阻むことはなかったということであろうか。それは、また、人類文化の無限の可能性の証であるのかもしれない。ともかく、地球上の人類史は人の移動によってはじまったのだと合点しなければならない。その移動には、自然環境、殊に寒冷・温暖期の交代、それに伴う自然界、動物と植物界の変容、そして人的な要件として技術、つまり、石器製作の進化をはじめとするさまざまな要因がかかわっている（図28）。

人類がシベリアへ進出したことに関連して、木村英明は次のように想定している。「ヨーロッパや西シベリアを覆った大陸氷床が、エニセイ河以東のシベリアでは発達しなかったこと、こ

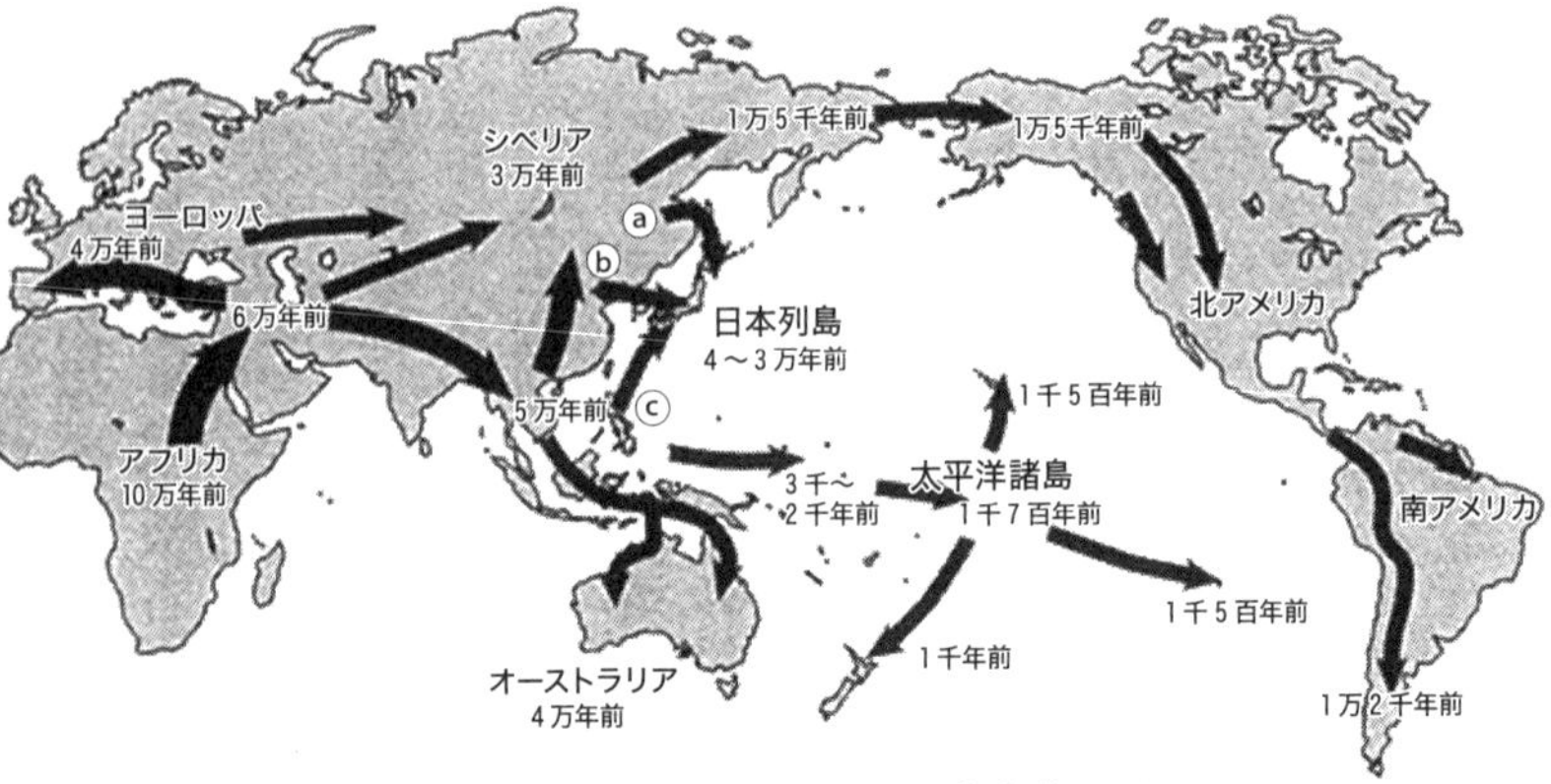

ⓐ 北方ルート　ⓑ 南方ルート　ⓒ 海洋ルート

図 28　現生人類の拡散（安蒜正雄／勅使河原彰，2011）

れは、人類の移住・拡散を容易ならしめた有力な物理的条件である。また、現在よりもいくらか川幅を狭めていたうえに、冬期には結氷したであろう当時の大河が、天然の通路の役割を果たし、人類をシベリア奥地に導いたであろうことも想像に難くない。そしておそらく人類の移住・拡散に決定的ともいえる役割を果たしたと考えられるのが、マンモス、毛サイ、トナカイ、バイソンなどのマンモス動物群との出会い、あるいは気候変動にともなうマンモス動物群の移動・転棲である(3)」。

　人の移動を促したのが獲物となる動物たちの動向であり、その動物たちの動きには自然界の変動、つまりはその生命を支える食料事情があったということであろう。旧石器時代遺跡が発掘されている地域は、エニセイ河源流の地域、すなわち、南シベリアの、今日テュルク語系の諸民族がいるアルタイ・サヤン山脈地域にあたる。代表的なマリタ遺跡はアンガラ河の支流ベーラヤ河の河岸にある。その発掘調査は一九二八年以降、長年にわたってソ連の考古学者によって継続され、研究されてきた。木村英明によると、数多くの発掘地点からは、住居址、炉址、人骨、多種多様の石器や骨角牙器、人工物（装身具、ヴィーナス像）の他、多数の動物骨などが確認されており[4]、その遺跡の具体的な様子は次のようであった。

マンモスの牙やトナカイの角、大きな板石などが密集する場所が二十カ所ほど発見されている。いずれも、半地下式の住居とみられる内部には炉がしつらえられ、壁には大きな板石や骨がおよそ垂直に置かれ、屋根には皮が覆われたテント式住居である。筆者の分析では、八―十軒の住居、推定四十八―六十人の住人からなる集落で、夏冬通年、しかも長期にわたって利用されたと推定される。

食料や住居、ときに毛皮に利用されたマンモス十六体、毛サイ二十五体、ウマ二体、トナカイ五百八十九体、バイソン五体、北極ギツネ五十体、クズリ四体、オオカミ一体、洞穴ライオン一体、その他、鳥類、魚類が確認されている[5]。

このマリタ遺跡では、主たる食料源はトナカイであったようであるが、最終氷期の最盛期に人類がシベリアでこのような生活を営むことができたことは、一方でマンモスとの深いかかわりがあったからであるという。事実、遺跡からはマンモスの骨や牙で作られた留針・ヘヤーピン、縫い針や装身具の垂飾りや女性像なども出土している。獲物の動物種に注目するなら、このマリタ洞窟遺跡は、一方で南ヨーロッパの洞窟絵画を想い起こさせるが、他方、獲物に恵まれた環境のもとでは、人は安定した定住集落を維持できたのだということの証でもある。

ところで、氷河期に広大なシベリアの各地を移動して、各地にその確かな痕跡を残した人びとについて、それが果たしてどのような人類であったのかという人類学上の議論がある。著名なソ連の考古学者の名を冠したオクラードニコフ洞窟遺跡およびデニソワ洞窟遺跡は、アルタイ地方に数多ある遺跡のなかで、もっとも古い時代に比定されている。その年代の推測は、石器の製作技法に加えて、遺跡の層位や遺物などの炭素同位元素C^{14}の測定による。オクラードニコフ洞窟で発見された石器の技法や組成から、その年代は三万三千年前—五万年前、デニソワ洞窟はおよそ四万年前と想定され、「旧人の時代、中期旧石器時代」と見られている。(6) つまり、その洞窟の住人たちは、ネアンデルタール人ということで、私たち現代人の祖先、新人ホモ・サピエンスではなかったということである。ネアンデルタール人は五〇万年前ころから、ヨーロッパや西アジアに拡散して進化し、その後絶滅したとされているが、それでも、アフリカから出てユーラシアに拡散した現世人類のDNAの一部はネアンデルタール人に由来すると見られている。[7] 実際、このことは現代人についても明らかにされており、ネアンデルタール人と共通するDNAは「アフリカ人以外の現代人集団で、その割合は一・五―二・一パーセントと計算されている。私たち日本人を含む、アジア、オセアニア、アメリカ、ヨーロッパの人びとは皆、わずかではあるがもっているのである」という。[8]

数万年という時間のなかで現実を想像することは、容易なことではないが、南シベリアの各地に先住のネアンデルタール人がいたとして、同じ地域へ進出してきた後来の人びと、つまり、私たちの祖先に当たるホモ・サピエンスとの間には何の接触交渉もなかったのだろうか？ ともかく、アルタイ山岳地域は、遠い過去の時代から今日まで、人が生きるための恵み豊かな地であったことは確かなようである。

その地にいた先史時代の人びとはその後どうなったのだろうか。

数万年もの古い時代の人跡を現地に辿ることは、考古学者の固有の領分であり、特権的な喜びでもあるに違いない。ホモ・サピエンスの移動ルートを明らかにしようと、人類学者の海部陽介は後期旧石器時代の遺跡をアルタイ地域から東へ辿る試みを重ねている。すなわち、アルタイ地域（カラ・ボム遺跡 四万六五〇〇年前）、バイカル湖東部（カーメンカA遺跡、ポズボンカヤ遺跡 四万四五〇〇年前）、モンゴル（トルボール4遺跡など、四万一〇〇〇年前―四万五〇〇〇年前）、中国の黄河上―中流域（寧夏回族自治区の水洞溝遺跡 三万八〇〇〇年前頃）、そして、朝鮮半島への旅路である。[9]この間の後期旧石器文化の指標のひとつは石刃技法・文化と呼ばれる特徴的な石器である。それは端的にいえば、石に打撃を加えて得られる鋭利な縁辺をもつ石器であって、その技法はさらに細石刃というより小さな利器、刃物に発展を遂げ、狩猟に大きな効果をもたらした。こうして、より高度な技術を手にしながら、後期旧石器時代の人類は氷河期のシベリアに拡散しえたということになる。そして、その拡散移動の旅路は日本列島にも及んでいる。

二　日本の後期旧石器文化——氷河期の狩猟民文化

日本列島に人が住みつくようになった経路には、概略三つのルートが考えられている。すなわち、北方ルート（大陸—サハリン—北海道）、南方ルート（朝鮮半島—対馬—九州）と海洋からの沖縄ルートである（**図29**）。第三の海洋からのルートについては、つい近年実証的な試みが敢行された。最終氷河期の五万—三万年前には、海水面が現在より八〇メートル低かったと考えられ、今の北海道はロシア極東・サハリンと陸続きであった。寒さが厳しくなりピークに達した二万年前頃には一三〇メートル低く、南では日本列島は対馬を介して朝鮮半島と至近距離にあったと想定されている。[10]大陸と陸続きであった時期には、ユーラシアからさまざまな動物が移動してきて、それと共に人もやってきたであろうと考えられている。

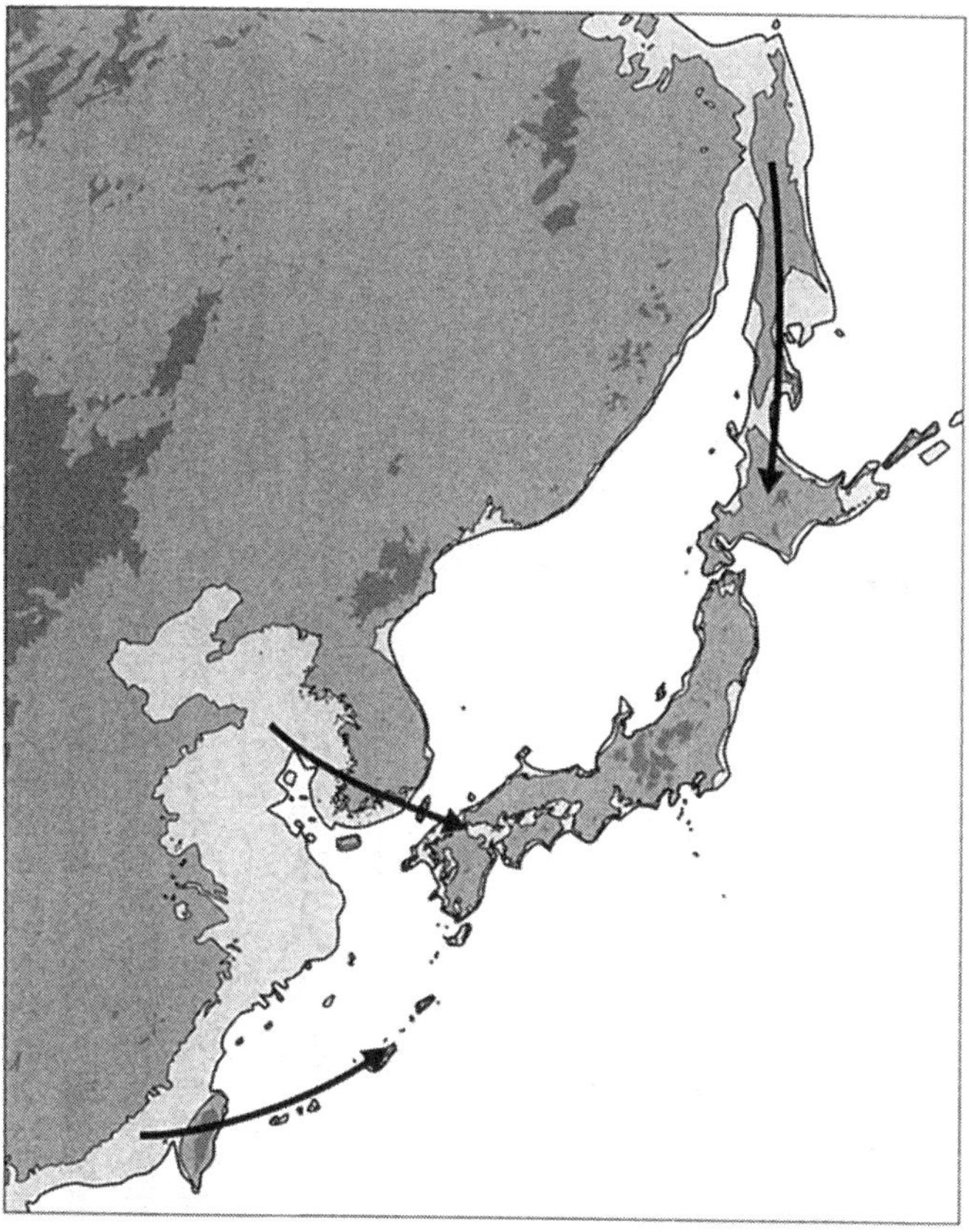

図29　3万8000年前頃の日本列島への可能な渡来ルート（海部陽介，2005）

日本旧石器学会のＨＰによると、日本には二〇一〇年の時点で、一万百五十箇所の旧石器遺跡が明らかにされており、その年代は、およそ三万五千年―約一万年前に比定されている。ホームページに掲載されている表「日本列島の旧石器時代遺跡」をみると、遺跡は日本列島の北から南、北海道から沖縄まで全国各地に分布している。その中からもっとも古い段階（三万五千年前―二万年前ごろ）に比定されている遺跡を拾ってみる。白滝遺跡群（北海道）、米ケ森遺跡（秋田県）、有名な岩宿遺跡（群馬県）、清河寺《せいがんじ》前原遺跡（埼玉県）、鈴木遺跡と武蔵台遺跡（東京都）、日向林《ひなたばやし》Ｂ遺跡（長野県）、恩原《おんばら》１・２遺跡（岡山県）、冠《かんむり》遺跡（広島県）、豊成叶林《とよしげかのうばやし》遺跡（鳥取県）、山田遺跡（宮崎県）、サキタリ洞遺跡と港川遺跡（沖縄県）など。こうしてみると、氷河期にこの日本列島の全域に人びとの生活があったことにあらためて感動する。その生活の糧は、明らかに、狩りの獲物や木の実などであった。食料は豊富にあったということか。

仙台市には二万年前、氷河期の富沢遺跡保存館（通称、地底の森ミュージアム）がある。斎藤裕彦の「二万年前の氷河期世界を保存する」（『科学』一九九八）によると、ここでは「数千個の毬果の他、旧石器人たちの一時的な野営の跡があり、たき火跡と、それを半円状にとりまくように百点ほどの石器が見つかっている」。長野県野尻湖立《たて》が鼻《はな》遺跡では、「ナウマンゾウとヤベオオツノジカを主体にし、少量のニホンジカ、ウシ科動物、ヒグマ、ノウサギ、ハタネズミの一種に鳥類化石を伴っている。」それが埋もれていたのは、「湖成層である野尻湖層下部Ⅲから野尻湖層上部Iまでの層準、年代にして約五万年から三万三千年までの地層」とある。そして、動物骨ばかりからなるその遺跡は「狩猟・解体の場」と考えられ、人の生活の場は、その背後の「仲町遺跡が旧石器人のキャンプ跡と推測されている」[11]。

この島国の北から南の全域で、明らかに、氷河期の数万年の間に人の生活が営まれていたのである。その人びとがシベリアにおける人類の移動拡散のうねりの一波であったという想像は許されるであろう。ただ、全国にある遺跡からは人骨化石が見つかっていないために、それが、「ホモ・サピエンスのものと断定することはできないが……遺跡の内容を吟味すると、そこに様々なホモ・サピエンスらしい行動の痕跡が読み取れる」という[12]。ユーラシア、シベリアから遙々やってきた先史時代の人たちの顔はみえない。それでも、その足どりは確かなようである。

海部陽介の近刊『サピエンス日本上陸　3万年前の大航海』によると、日本列島の最古の遺跡が三万八千年前—三万七千年前とされ、それが殊に本州と九州に偏っていることから、「日本列島へ最初にホモ・サピエンスが渡ってきたのは、朝鮮半島から対馬を経由して、九州へ至る『対馬ルート』だったことになる」とある[13]。ただ、当時にどのような渡海の方法があったのかは、疑問である。もしかして、今後気候学や地質学などの新たな研究によって、氷河期には今の日本海もベーリンジアのような氷原であったということが明らかになれば……と夢想する。

一方、シベリアの旧石器文化との関係で、木村英明はシベリア・極東・北海道の旧石器の比較対照を図示して、特に、北海道最古の旧石器文化である三角山（千歳）・嶋木石器群（十勝地方、河東郡上士幌町）について、「とりわけ嶋木石器群との共通性が強い」として、嶋木石器群とマリタ文化の石器を対照し、それに二万年前――一万年前の枠を設けている。[14] そして、北海道の旧石器時代の全体を通して、「シベリア、特に極東の旧石器文化と密接な関係にあった……技術や石器・石材・物が動く背景には、当然ながらヒトの動きがあった。考古学上の関係からすると、その中にマンモスハンターが含まれていたと考えるのに無理はない」という。[15]

さて、その人びとはどのような精神文化をもっていたであろうか。

三　生命の山――ウマイ母神

ヨーロッパがまだ氷床に覆われていた時代にも、洞窟や岩陰を住まいにして大型の哺乳類などの狩猟によって生きていた先史時代の人びとは、氷床のない大地を移動してユーラシアに拡がり、その足跡をシベリア各地に遺している。そして、その旅路は内モンゴル、中国東北部、朝鮮半島に、また、アムールランドから北海道へと、この日本列島に及んでいる。人類の移動は衣食住を支える動物の移動と関わり、動物の移動は自然界の変化に支配され、寒冷期と温暖期の交代に伴う森林や草原の増減、すなわち、動物の餌となる植生と無関係ではなかった。最後の氷河期にシベリアに移動した人びとの足跡は、確実にこの日本列島にも及んでいたわけである。それだけでなく、人類はシベリアからベーリンジア氷床、すなわち、今日のベーリング海を経て、北アメリカへと移動し続けた。

シベリアにおける先史時代の早い段階の遺跡が南シベリアに集中していることは注目に値する。そのなかで、比較的遅い、およそ二万年前に遡るマリタ遺跡は、当時の人びとの暮らしが、物質生活でも精神生活でもたいへん豊かであったことを明らかに示している。先史時代や古代の文化について、現代人の知的能力を基に評定する思考傾向の現代人の驕りは、戒めなければならないように思う。マリタ遺跡が位置する南シベリアの地域には今日までも、テュルク語系の諸民族が狩猟採集を基盤とする生活を営んできた。そして、その人びとの狩猟文化の世界観では、山は獲物を授けてくれる主《ぬし》として崇拝や儀礼の対象であり、また、山は生きものの生命を宿す母胎、ウマイでもあった。女性性器を原義とするウマイの語は、南シベリアの諸民族を中心として、西は中央ユーラシアのテュルク語諸族に、東は内モンゴル東北部に広く継承されてきている。

ウマイに象徴される生命観はマリタ遺跡を初めとする後期旧石器時代の狩人たちにも共有されていたに違いない。この狩猟民的な観念は南ヨーロッパの氷河期の狩人たちに由来する。ウマイは、それぞれの生活の場であった洞窟の壁面に女陰を描き、数多の動物像を遺した人びとの思考の原点ではなかったろうか。生命の誕生、生きものこそは狩猟民の人生を支えるもっとも肝要な事がらであるはずだからである。この生命観を後期旧石器時代の狩猟民たちはどこまでも持ちつづけたであろう。生きものである動物を追い求めて狩りをするという、人類の営みは時間と空間を超えてヨーロッパからシベリアへ、そして北アメリカへとどこまでも拡がりつづけてきた。その足跡が三万年以上も前に日本列島にも及んでいることは、各地に残されている一万カ所もの遺跡が証していることになろう。

つまり、日本列島にやってきた先史時代の狩猟民の遠い祖先もまた、南シベリアの旧石器時代人に、さらに、その祖先は南ヨーロッパの洞窟や岩陰に図像を残した人びとへ系譜を辿ることができるのではなかろうか。対象とする獲物の動物には時代によって違いはあるものの、人類の始原から本質的に変わることのなかった狩猟という営みをつづけてきた人びとの精神世界には、山という大地が生命を宿す母胎であるという揺るぎない思いがあったに違いない。洞窟はまぎれもなく母胎・ウマイであった。かくて、山は獲物を擁する母神ウマイであり、獲物を配剤する主である。ウマイを産の神、豊穣神とみる観念や習俗は、南シベリアのアルタイ・サヤン山脈地域の諸民族だけでなく、その東西の地域に広く認められる。そして、山の主という観念はアルタイの山岳信仰に明らかなだけでなく、シベリアの諸民族の世界に遍く認められる。

命の糧を求めて山へ入る狩人にとって、なにがしかの心付けをして山の主の意を迎えることは一般的なマナーであった。山の主は、そこにある森や木々に、湖や川などいたるところに在る。狩人は森の主に、木樵は山にも森にも木々にも主を見いだし、魚を獲ろうとする漁師は川の主に望みを託す。こうして、狩猟民にとって主は自然界のどこにでも在ることになる。山の主は自然界の主である。

稲作と稲作文化の拡がりによって、山という自然界が狩猟民の世界であったことが遠い過去に押しやられ、山の女神はいつしか忘れ去られてしまった。大地が田畑として開墾され、田の神は刈り入れがすむと「山へ帰って山の神」となり、正月にはまた田に降りるという、田の神の不可解な行状(?)の依って来たった遠因はここにある。

一方、忘れてならない大事なことは、山の神が産土神、産の神であるという微かな記憶が遠野や茨城にあることである。柳田や谷川が記しているように、出産が近くなると山へ馬を曳いていって、産の神を迎えるという風習である。

南シベリアのウマイもまた産の神である。難産のときにウマイ・エネ（母なるウマイ）に助けを求めるとか、ウマイに「へその緒を切る母」、「(赤ん坊の) まつげを清める母」などの別名があること（クマンヂン)、キルギスではウマイ・エネは産の神、子どもの守護者であって、豊作のとき、家畜がたくさん生まれたときには、「ウマイ母の胸からミルクが流れた」という。

また、ウズベク（ホレズム）ではアムバル・オナはお産を軽くするのを助け、産婆（ドーヤ）は子どものへその緒が取れた日に「わたしの手ではない、Bibi Fatima, Bibi Zukhra の手だ、ウマイ母の手だ」と唱えるなど。

ウマイについては、シベリアや中央ユーラシアの諸民族の研究者、特にテュルク学の研究者によって古くから関心が寄せられていた。キルギス（クルグス）研究の重鎮S・M・アブラムゾン（一九〇五―七七）は著書『キルギス人』（一九七一）で、一八世紀末のV・V・ラドロフのテュルク語語彙集をはじめ、その後の研究からウマイに関する多くの著述を拾い集めて考察を加えている。そしてウマイについて次のように記している。

起源的に古代テュルク、アルタイ、キルギスのウマイ、ウズベクのアムバル・オナ、ヤクートのアイシットは同一形象の異形態（hypostas）である。キルギスのウマイ神の観念は一千年におよぶ信仰であり、中央アジアに生まれた極めて古い信仰の一つの残存とみられる。目下明らかなその分布の範囲は、アルタイ、天山山脈とその西の支脈に近接する中央アジアの定住民世界の一角である。この観念は母系制社会に生まれた世界観のカテゴリーに関連づけることができるかも知れないが、しかし、もしかすると、それよりも以前の時代に生まれた世界観であるかも知れない。(15)

これまで見てきたように、ウマイの観念とその信仰の拡がりはここに述べられている地域よりさらに東、内モンゴルにまで及んでいる。その起源が中央アジアにあるとするアブラムゾンの見解は、古代テュルクの碑文を念頭においてのことと思われるが、ウマイの起源は一千年前どころではない！　本書で辿ってきたところでは、ウマイの起源は数万年前に遡る後期旧石器時代の南ヨーロッパにある。

生きる糧である獲物を求めた先史時代の人びとは、獲物となる動物たちが山に、その洞窟に宿されていると考えたのではないだろうか。南ヨーロッパの山岳地域の洞窟に残されている数多の、多種多様な動物たちの図像はそのことを物語っていよう。どこまでも続くくねくねした洞窟は正に山の懐であって、獣を宿す母胎であった。後期旧石器時代を通じて描かれた女陰・ウマイはそのことを示す確かな証である。洞窟の動物たちとウマイの図像は、生きものの生命が山にあるという先史人類、狩猟に生きた人びとの観念の表出である。ウマイは確かに人類史の黎明に起源するのだ。

南ヨーロッパから今日の中央ユーラシア、南シベリアのアルタイ・サヤン山脈地域、さらに内モンゴルから中国東北部、そしてこの日本列島まで、ウマイの観念と信仰習俗は連綿として生きつづけてきた。それは氷河期の北半球における人類の拡散の歴史と重なっている。

南ヨーロッパの洞窟遺跡に描かれた動物たちとウマイ・女陰が示しているのは、人間の生命を支える獲物が山に在るという実相と、それが山のなかに宿されているという究極の思考である。ウマイは山の母性の象徴であり、出産を見守り、生まれる子どもの生育に心をくだく守護神・母神として、近年までユーラシア・シベリアの諸民族に生きつづけてきた。そして、その微かな記憶がこの日本の「山の神」に留められている。

山が生命の母であり、女神であるという観念は、ユーラシア最古層の狩猟民文化から受け継がれてきた揺ぎない心情であるといえよう。

おしまいに

本書の表題にあるウマイとこれに類する語は、シベリアばかりでなく、中央ユーラシア（アジア）の民族学研究の書物のなかに散見される。すなわち、ウマイ～ウメ～オメ～ウマ等などとして、日本に近いアムール河流域のトゥングース語系諸族、内モンゴル、南シベリア、さらには中央ユーラシアのカザフ、キルギス、ウズベクなどの民族に共通して認められる。その原義は女性性器、母胎、子宮、胎盤、後産などであるが、習俗信仰としては出産と子供の生育を見守る母神・女神として広く共通してみられる。

アムール河流域のウデゲのフォークロアに「子供を守るサグジ・ママ」という昔語りにこの語を見いだしたことは、本書にいたる最初の糸口だった。サグジ・ママ、ナーナイなどのオムスン・ママは大媼《おうな》神、子供の守護神である。同様の媼神は満（州）族の女シャマンの伝承『ニシャン・サマン』にも描かれ、子供の誕生にかかわっているが、その媼神のもとには大樹があり、それには生まれるこどもの霊魂が憩っているという。その具体的なイメージはアムール河地域のウリチやナーナイなどの花嫁衣装に刺繡されてもいる。一方、ウマイは特に南シベリアから中央ユーラシアのテュルク語系の多くの民族のもとで子供を守護する母神・女神として根強く信仰され、また、古代テュルクの碑文にもその名が記されていることから、ロシアでは長らく研究者たちが関心を払ってきた。

子どもの誕生、いのちの誕生がウマイにあることは、ごく自然な観想であるが、それは人類史の黎明期にある南欧の後期旧石器時代の洞窟絵画にも刻されている。洞窟絵画・浮彫は原始美術として史家の研究領域ではあるが、人間の日々の営みに関わりのないはずはなかろう。そうだとすれば、それは人間ばかりでなく、その生を支える狩猟の獲物である動物たちの誕生とも関わっていることになる。シベリアの狩猟民には獲物である生きものが山にあり、山の主の所領であるという揺るぎない想念がある。アルタイの山岳信仰にはそれが顕著である。

一方、日本文化について久しく議論されてきた山の神は、私にも考えたい課題のひとつであった。ウマイが先史時代のヨーロッパからアムール河の諸民族にも共通して認められるとしたら、両者の間に長い一本の線を引くことができる。考古学の成果を借りて、それを辿ってみた。そして、どうやら、その線をこの日本列島にまでつなげることができたように思う。

具体的にはいろいろ詰めなければならない問題があるが、差しあたり日本の山の神が女神であるという謎は、ユーラシアの先史時代に淵源する人類始原の生命観として解くことができよう。本書はその長い謎解きである。

その長きにわたる間のことについて、研究者としてのこれまでの道筋を記すようにと、編集者から求められた。かつて、シベリア研究はごく地味で、研究者の稀な領域であった。

上智大学の外国語学部のロシア語学科では初級文法を終えると、ロシア文学を教材にさまざまな作品に触れることになった。プーシキンやレールモントフにはカフカス（コーカサス）を舞台にした短編がある。それにはロシア人ではない人物やヒロインが登場する。カフカスはグルジア、アルメニアなど多民族の地域である。ロシア語学科を卒業したあと、それほどはっきりしていたわけではないが、そうした異民族のことを知りたいという思いで、東京大学の教養学科文化人類学に入学した。

当時、日本ではロシア、つまりソ連は文化人類学や民族学の対象とはなっていなかった。戦前には満州を拠点に中国・モンゴル・シベリアでの民族学の調査研究が盛んになされてはいたものの、戦後にはそれがぷっつりと途絶えていたのである。文化人類学の教室には手引きとなる書籍は多くはなかった。本郷の中央図書館、北海道大学の北方資料室で文献を探し、外務省の資料室などに足を運んで一八〇〇年代出版の古書を求めたことなどが思い出される。

ひょんなことで、一九七〇年代中頃にモスクワ大学への短期留学のチャンスがあった。それはロシア語教師のためのセミナーで、日本だけでなくインドやヨーロッパからの参加者があった。そのセミナーの合間をぬって、私はレーニン図書館へ通い、民族学関係のカードボックスから選んだ本を借り出し、天井の高い重厚な感じのする閲覧室で幸せな時間を過ごした。

留学期間が終わりに近づいたころ、偶然、モスクワ放送局の日本向け放送のレーヴィン氏に会った。そして、何十年振りかで日本へ一時帰国するという岡田嘉子さんの留守の間というので、放送局の仕事をすることになった。要は放送原稿のロシア語の翻訳である。緑色のインクで書いた縦書きの訳稿は読みやすいと、アナウンサーには好評だった。そして、受けとったお金はレーニン図書館での本の複写（厚い紙！）やマイクロフィルムになった。東京の神保町にはソ連・ロシアの出版物を扱う専門の書店がある。近頃ではロシアでも印刷や装丁の綺麗な書籍があたりまえのようになったが、ソ連時代の出版物は紙も粗末だった代わりに、ずっと安価だった。ロシアの民族学研究を学ぶうえで、モスクワ放送局のアルバイトはありがたかったとあらためて思いだす。

モスクワから帰国してから、幸いなことに川越の国際商科大学に新設された教養学科の職につき、一五年ほど勤めた。その間にシベリア、極東のアムール河・サハリン地域、アイヌに関する論文を書いた。当時、北方研究、シベリア研究は研究者の少ない領域であったけれど、早稲田大学にはアイヌ語の田村すず子先生のもとに、アイヌ語や北方関係の研究者や学徒が定期的に集まる会があった。それは貴重な研究者交流の場だった。

相模原の自宅から小田急線・山手線・東上線を乗りついで川越まで通うことが辛くなってきたころ、藤沢に新設された短大へ転職、そして二年後に千葉大学へ移ることになった。それは文学部・言語学講座の急死された志部昭平先生（中期朝鮮語）の後任で、しかも新たな講座編成を受けてのことだった。私は息子二人と千葉大学の職員住宅へ、子連れ単身赴任をした。夫は「置いてけぼり」と嘆くことしきり、ただ、毎週末には家族は一緒だった。

大学改組で一九九四（平成六）年には文学部の日本文化学科に「ユーラシア言語文化論」というユニークな講座が開設された。そこではアイヌ語の中川裕先生をはじめ同僚の先生たちとともに学生院生のゼミに参加して、たいへん勉強になった。

それより少し前、一九八〇年代にブロニスワフ・ピウスツキのアイヌ語が録音された蝋管がポーランドの田舎で発見されたことを機に、アイヌ文化をめぐる研究会が催され、中頃にはドイツのボン大学のJ・クライナー先生がヨーロッパ各地の博物館でアイヌコレクションの所在を明らかにされた。続いて北米でも同様の調査が実施された。

かつてモスクワに留学していた年の暮れ、友人の案内で当時はレニングラードの人類学民族学博物館、通称クンストカメラを訪ねて、そこにあるアイヌ資料を見せてもらったことがある。それは一〇〇年近くも前に、先のブロニスワフ・ピウスツキが樺太と北海道で収集した資料で、当時はまだ、科学アカデミーの建物のなかの収蔵庫で木箱に入ったまま眠っていた。そこへ案内してくれたのは、当時シベリア部長だったCh・タクサミ氏であった。その木箱のことはいつまでも私の脳裏にやきついていた。

一九九一年初春に網走にある北方民族博物館の国際シンポジウムに招来されたタクサミ氏に、アイヌ資料の調査研究を考えていることを伝えた。そのすぐ後、まだ雪の残るペテルブルグにタクサミ氏を訪ねて、調査についての同意を得た。ソ連という社会主義体制が崩壊して間もない古都は、街の有様も人々の表情も惨めで暗かった。

申請した科学研究費を得て、一九九五年の夏、私たちは科学アカデミーの屋上階にある収蔵庫、その一隅にある小さな部屋で、はじめてそのアイヌ資料を目の当たりにした。調査グループは東京国立博物館をはじめ、北海道各地の博物館の学芸員たち、その多くは考古学出身でアイヌ文化に通じた気鋭の研究者、総勢一〇人ほどであった。小さな部屋で、クンストカメラのシベリア研究者の女性たちと共に、一〇〇年も前にサハリンや北海道のアイヌの人びとの生活を支えていたさまざまな道具や衣類などを一つ一つ手にとり、記録し写真に収めた。

ロシアのどこにどのようなアイヌ資料があるのか、私はロシア各地の博物館宛に予めアンケートを送ってあった。ペテルブルグにはもう一つ、一九〇二年に創設されたロシア民族学博物館が街の中心部にある。そこの収蔵庫には大きな木箱のなかに多種多様のアイヌのものが丁寧にしまわれてあった。案内してくれたシベリア部長V・ゴルバチョヴァ氏と研究員I・カラペートヴァ氏は、「このアイヌコレクションは当館の至宝であり、第一次世界大戦の折の毒ガスで消毒されている！」と言った。一九九八年から三年かけて、私たちの調査グループはその二八〇〇点ほどの至宝を調査した。今回は博物館の地下にある収蔵庫の作業であったが、彼女たちは一〇時と三時にお茶の用意ができると、収蔵棚の間のあちらこちらで作業をしている人たちに大声をかけた。そのロシア語はわが調査グループのメンバーが習得したホンの幾つかのロシア語のリストに入っているはずである。

朝夕、ホテルと博物館を往復する私たちは、（大抵、私が先頭を歩いたから）「カルガモ親子」よろしく、一九九五年から年々急速に変貌して生まれ変わっていくロシア社会の様子を興味深く眺めることができた。

あるとき、シベリアの古都オムスクにアイヌ資料があるという知らせがあった。送られてきたファックスは明らかに「アイヌ絵」であった。二〇〇〇年の夏の早朝、アイヌ絵の研究者佐々木利和氏と共に数人でモスクワからオムスクへ飛んだ。そこの造詣美術館には幕末の絵師平沢屏山の水彩画一二点があった。その狩りや熊祭などアイヌの風俗を描いたなかに、「処刑図」というアイヌとは無縁の絵があった。その後、その一二枚のアイヌ絵は『オムスク・センセーション』という大型本（ロシア語）として、モスクワで出版され、出版記念会が催された。

ロシアの極東には三つの博物館にアイヌ資料がある。調査グループはウラジオストク、ハバロフスクとサハリンへ出かけて、その資料調査を行った。今日のユジュノ・サハリンスク、かつての豊原には樺太庁時代の博物館があり、その時代に収集された資料が収蔵されている。ただ、その収蔵品がどこで、誰から、いつ取得されたのかという、いわゆるバックデータは戦後の混乱期に散逸したという。

いわゆる高度成長期に重なって実現した海外各地のアイヌ資料調査では、ヨーロッパにおよそ六〇〇〇点、カナダとアメリカに三〇〇〇点の所在が明らかになり、私たちのグループはロシアにある六つの博物館でおよそ四五〇〇点を直接手に触れて確かめることができた。その一部の成果『ロシア科学アカデミー人類学民族学博物館所蔵アイヌ資料目録』（一九九八）、『ロシア民族学博物館所蔵アイヌ資料目録』（二〇〇七）には、千島を含め、かつてサハリンや北海道（主として日高地方平取）に生きていたアイヌの人々の日常生活・信仰や儀礼などの、言うなれば遺産を見ることができる。ものには語り得る物語がある。それを聴きとることはアイヌ文化により近づくことになろうと思う。

毎年、夏休みをロシアでのアイヌ資料調査に費やし、その前後には準備と整理、折々にはロシアの研究者を招聘して公開研究会などを開催するなど、国際的な共同研究は時間とエネルギーのいることである。ロシアでのアイヌ資料調査が自分の本分ではないという意識は、正直のところ、いつも心のどこかに潜んでいた。アイヌを含めユーラシアの北方、シベリアの民族学には興味惹かれる問題が多々あって、心に留めながら深く詮索する余裕がなかったことは、言い訳になるが、本当のところだった。ロシアのアイヌ資料調査をつづけることに、ふと迷いがあったころ、恩師大林太良先生には「おやりなさい」と背中を押された。

二〇〇七年、一〇年がかりで出来た『ロシア民族学博物館所蔵アイヌ資料目録』をペテルブルグの当の博物館に届けた折、グルースマン館長は手にとって喜んでくれ、そして、「これから何をする積もりか」と尋ねられた。「シベリアの基層文化を考えたい」と言うと、館長は髯のお顔をほころばせて、「私たちもヨーロッパの博物館館長会議で基層文化を想定している」という。

考えられていることとは異なるとは思うが、私のどこかにくすぶっていたのは、言ってしまえば、どうやら、そのあたりのこと、北方の、シベリアの民族史のようなこと……

本書は日本文化の起源について、民族学研究からの見通しの試みではある。この密かな意図を汲んで、快く出版を引き受け、お励ましをくださった藤原書店の藤原良雄氏にはお礼の申しようもない。藤原氏とはいつも尽きせぬ話になって、長い人生のなかでもそれほどまでに心満たされる邂逅はめったにない幸せであった。

本書にあるシベリアの地名も人名も民族名も、日本では馴染みが少なく、また、ほとんどはじめてのようなものも多々あって、編集者にはたいへんな途惑いがあって、並々ならぬご苦労をおかけした。根気よく、ご丁寧な対応をしてくださった中島久夫さん、山﨑優子さん、原稿を査読してくださった能澤壽彦さんには心から厚くお礼を申しあげます。ありがとうございました。

二〇二一年六月六日　　荻原眞子

補記

六月三日の日本経済新聞の報道では、佐久市の香坂山遺跡で「大型石刃」が出土、「石刃としては国内最古となる三万六八〇〇年前のもの」で、「中国などでは五万〜四万年まえのものが出土」していることから、「日本列島への現生人類の到達にも関わる事例」で、発掘者の奈良文化財研究所の国武貞克氏は「ユーラシアの系譜を引く石器群が、朝鮮半島を通じて流入したという評価も可能」という。この記事で私は少々意を強くした。

本書は、以下の論文を基にした。

2001a 「鳥と霊魂——シベリアの生と死の民族誌から」『Science of Humanity Bensei（人文学と情報処理）』vol. 35 勉誠出版：23-36

2001b 「（覚え書き）子供を守る女神 Sagdi mama——ウデゲの昔語りから」『千葉大学ユーラシア言語文化論集』（ＣＥＳ）第四号：95-102

2004 「山の神と産の女神」『東北学』vol. 10 東北文化研究センター：87-94

2013 「霊魂を運ぶ鳥——ラスコー洞窟絵画と倭建命のあいだ」（篠田知和基編）『異界と常世』楽瑯書院：215-228

2016 「シベリアからみる極東・朝鮮・日本——鳥竿と鳥の表象について」（崔仁鶴・石井正己編）『国境を越える民俗学——日韓の対話によるアカデミズムの再構築』三弥井書店：200-216

2016 「アルタイの山岳崇拝と母性——その始原をたどる」『民族藝術』vol. 321：156-162

(9) 海部陽介 2019: 84-107
(10) 海部陽介 2019: 118-122
(11) 稲田孝司 1998: 346-347
(12) 海部陽介 2019: 118
(13) 海部陽介 2020: 36
(14) 木村英明 1998: 369
(15) Абрамзон 1971: 278

(2) 柳田國男 1973: 68
(3) 佐々木利和 2020
(4) 柳田國男 1973所収
(5) 柳田國男 1978: 365-367
(6) 柳田國男 1997: 158
(7) 谷川健一 2004: 83-84
(8) ネリー・ナウマン 1997: 82
(9) 柳田国男 1976: 195
(10) 佐々木高明 2006: 174

第四章　シベリアの狩猟民世界――山の主とウマイ

(1) 典型的な例は「梟の神が自ら歌った謡　コンクワ」（知里幸恵 2001: 95−107）である。
(2) 拙稿 1997「第二部　虎・熊・シャチ――『主』の観念と世界観をめぐって」
(3) 拙稿 2010, 2011d
(4) 森本覚丹『フィンランド国民的叙事詩　カレワラ（上）』第14章
(5) Сагалаев 1992: 70-71
(6) 坂井弘紀 2014: 15
(7) Серошевский 1896（1993）: 649-651
(8) César González Sainz 他 2004: 185-187
(9) César González Sainz 他 2004: 191
(10) César González Sainz 他 2004: 186
(11) Jean Clottes, David Lewis-Williams: 45

終章　ウマイ母神――ユーラシア最古層の狩猟民文化

(1) 木村英明 1998: 362
(2) 海部陽介 2005: 98-100
(3) 木村英明 1998: 362
(4) 木村英明 1997: 158-205
(5) 木村英明 1998: 364
(6) 木村英明 1998: 362-363; 1997: 102-103
(7) 米田穣 2013: 299
(8) 海部陽介 2019: 44;「古代人 DNA、敵か味方か」『日本経済新聞』(2020年10月18日)

ウマイ・イエル–スブ（大地・水）」が刻まれていて、それにウマイが戦勝をもたらしたとある。

(7) Абрамзон 1971: 276-277

(8) МНМ т.2 (『世界民族神話』第2巻): 547

(9) Бутанаев 1984: 104

(10) Сагалаев 1990: 21-34

(11) Бутанаев 1984: 97

(12) Сагалаев 1990: 28-29

(13) Сагалаев 1990: 24

(14) Сагалаев 1990: 24

(15) Бутанаев 1984: 104

(16) Бутанаев 1984: 98-99

(17) Потапов 1973: 269

(18) Кызласов 1998

(19) ここで、ウマイ鳥について付言するなら、テュルク諸族では「Umaj/Khumaj/Khubaj/Khuma は人間に至福をもたらす鳥」であり、その起源がペルシャ文化のフマー *Khuma/humā* にあるという説がある［Абрамзон 1971: 277-278; Сагалаев 1990: 28他］。これまでの考察に照らしてみると、この見解は大いに疑問である。このことについて、かつて、イラン学者の故井本英一先生から「パフラヴィー語、ペルシャ語では *Huma* は鳳凰のこと」というご教示を頂いた。そうであるとするなら、ウマイ鳥 Umaj は元来が異なる文化、異次元の世界観に属する観念、信仰であるとみられる。それが特に、中央アジアの一部のテュルク諸族において借用され、また、研究者の間にも、両者の混同・混乱が生じたものと想像される。中央ユーラシアの研究者坂井弘紀氏はテュルク諸族のウマイについて論じ、その結論としてウマイの語源をペルシャのフマーとする先人の見解を真っ当な議論を通じて否定している［坂井2014: 24-25］。因みに、ウラル山脈の西側に居住するバシュコルトの英雄叙事詩では、興味深いことにフマイは英雄ウラルの母であり、天上の鳥の王と太陽の娘である。［坂井2011］

(20) 萩原秀三郎 2001: 126

(21) Knecht 2012: 79-85

第二章　日本の山の神

(1) 柳田國男 1973; 佐々木高明 2006

(8) Clottes and Lewis-Williams 1998: 37
(9) Dicson 1990: 133-134
(10) 荻原眞子 1982

II　山の主・ウマイ母神

第一章　アルタイの山岳崇拝

(1) 赤坂憲雄 2004
(2) 柳田國男 1978: 264-266
(3) ネリー・ナウマン 1997: 105
(4) ネリー・ナウマン 1997: 53
(5) Потапов 1946: 155-156
(6) ロシアのウィキペディア「ロシア原住少数民族人口」による。以下人口は同所から。
(7) Потапов 1946: 153 脚注26
(8) Потапов 1946: 156
(9) Потапов 1946: 152
(10) Потапов 1946: 153
(11) トゥングース諸族ではエジン〜エージ（ezin, eezi など)、テュルク諸族ではエー〜イヤー〜イイエ〜イエ〜エヤ（ee, ija, ije, ie, eja）など、サハ（ヤクート）ではイッチ（ichchi)、ブリヤートやモンゴルではエジン〜エジェイ（ezhin, edzey）など、ニヴフでは山の主はパル・イズ、海の主はトール・イズ、トール・ニグヴンなど。
(12) 拙稿 2010, 2011d
(13) Сагалаев 1992: 62
(14) Сагалаев 1992: 69-70

第二章　山・ウマイ母神

(1) Clottes and Lewis-Williams 1998: 44-45
(2) Сагалаев 1990: 25 Потапов 1973: 265-286; 1991: 284-293; С.М. Абрамзон 1971: 275-280
(3) モンゴルのシャマニズム研究者サランゴア氏の教示による。
(4) Абрамзон 1971: 277
(5) Сагалаев 1990: 26; 坂井弘紀 2014: 19-20
(6) Сагалаев 1990: 26. 後述のように、古代の突厥碑文には「テンゲリ・

第四章　霊魂の鳥（1）——樹上葬

(1) Гаер 1983: 44

(2) Гаер 1983: 45

(3) Иванов 1976: 163-164

(4) 拙稿 2001b 参照

(5) Nowak & Durrant 1977: 77-78

(6) Nowak & Durrant 1977: 78. 樹木が霊魂・生命・誕生と関わるということについては、また、「誕生の木」という観念や説話がある。アイヌでは子どもが生まれると父親や祖父は柳を削ってイナオを作り、それを子どものお守りにするという。この「誕生の木」と称する習俗は「Aryan peoples, Roman and Teuton」にもあって、「人の運命や人生は神秘的にそれと深く関わっている」という「Bachelor 1971: 183」。類例はサハに英雄叙事詩にもみられ、これについては別途に検討してみたい。

(7) Nowak & Durrant 1977: 78 footnote22

(8) 大林太良 1997: 177−196

(9) ニオラッツェ 1943: 10-12

(10) 大林太良 1997: 184

(11) 知里真志保 1975: 244

(12) 久保寺逸彦 2001: 191. ここにあるように、「揺り動かす」ということには、霊魂の活性を促す呪的な意味があることはシベリア諸民族の習俗や説話などから推測される。

第五章　霊魂の鳥（2）——鳥竿

(1) 秋葉隆 1980a: 147

(2) 依田千百子 2007 b: 13

(3) 秋葉隆 1980b: 108-111

(4) 依田千百子 2007b: 14

(5) 諏訪春雄 2001参照

(6) 崔吉城 2001: 60−62

(7) 2011年に韓国国立民俗学博物館で韓国・シベリア・ネパールの資料の展覧会「Shaman-Mediator between Heaven and Earth」が開催され、ロシアの科学アカデミー人類学民族学博物館とロシア民族学博物館のコレクションも招来された。

(12) Анисимов 1958: 58-63; 荻原 2001a
(13) Смоляк 1966: 127-128
(14) Иванов 1976: 163-166
(15) Лопатин 1922: 294-319; Смоляк 1966: 129-130
(16) Потапов 1973: 281-282
(17) Дьяконова 1976: 273
(18) Попов 1976: 31; Грачева 1976: 45-46
(19) Грачева 1976: 47-48
(20) Алексеенко 1976: 97-102
(21) Прокофьева 1976: 120-121

第三章　はかなき生命

(1) ピウスツキ 2018: 319
(2) 野村敬子 2017: 273
(3) Крейнович 1976 (2000): 343 (363) (Б.О.Пилсудский に拠る)
(4) ボガトゥイリョーフ 1988: 148-149
(5) 大藤ゆき 1996: 194-195
(6) 関根正直『紫式部日記精解』(萩谷朴 1986: 167-168 に拠る)
(7) 森一郎 1994: 125
(8) 井口樹生 1977: 26-27
(9) Соколова 1980: 266
(10) こうした、邪悪な力を排除して子どものはかない生命を護りぬこうとする命名とは別に、命名やその方法が社会関係に結びついているという例がある。カナダのイヌイットの命名について、岸上伸啓は興味深い報告をしているが、そのなかで注目したいのは、「イヌイットは、一つ一つのイヌイット名には、名前の霊魂が宿っていると信じている。その霊魂には、特定の性格、感性、意思、パーソナリティーや狩猟の技量のような人間の属性が内在しており、新生児に名前をつけることによって霊魂とその属性が新生児にのりうつると考えられてきた。そしてある名前を受けとった人物は、その名前を持っている人物や持っていた人物と同一の人間性をもっているとみなされる。」[岸上伸啓「カナダ・イヌイットの人名、命名方法および名前に基づく社会関係について——北ケベック・アクリビッグ村の事例から」『民族学研究』54 1990.3: 485-495]。興味深いことに、「名前は霊魂につけられる」ということは、井口の指摘にも共通している。

注

I　生命の民族誌

第一章　シベリア諸民族の生命観

（1）Хомич 1971: 20
（2）Василевич 1969: 227-228
（3）Алексеенко 1976: 95
（4）Алексеенко 1971: 96; Василевич 1969: 225
（5）Попов 1976: 33
（6）Попов 1976: 32
（7）Попов 1976: 33; Иванов 1976: 180
（8）Попов 1976: 33-34
（9）Jochelson 1908: No.13
（10）Лопатин 1922: 282
（11）Лопатин 1922: 231
（12）Попов 1976: 35
（13）Bogoraz 1904-1909: 503
（14）久保寺 1977: 聖伝11
（15）Иванов 1976: 172

第二章　生命を授かる

（1）知里真志保 1973: 360-361
（2）知里真志保 1973: 362
（3）多田一臣 2008: 225
（4）ネリー・ナウマン 2005: 251-252
（5）久保寺逸彦 1977: 神謡6
（6）知里幸恵 2001: 50-63
（7）久保寺逸彦 1977: 神謡106
（8）知里真志保 1975: 81-82
（9）Вдовин 1976: 245; 248
（10）Jochelson 1908: 100
（11）Василевич 1969: 224-227

1953　*Очерки по истории Алтайцев*. Москва-Ленинград

1972　Умай-божество древних тюрков в свете этнографических данных *Тюркологический сборник 1972*, Москва: 265-286

1991　*Алтайский шаманизм*. Ленинград

Прокофьева Е. Д.（プロコーフィエヴァ・E・D）

1976　Старые представления селькупов о мире. *Природа и человек в религиозных представлениях народов Сибири и Севера*. Ленинград: 129-160

РЭМ（レム）Русский этнографический музей（ロシア民族博物館）

2006　На грани миров-шаманизм народов Сибири, Москва（『三界のはざま――シベリア諸民族のシャマニズム』モスクワ）

Сагалаев А. М.（サガラエフ・A・M）

1990　Птица, дающая жизнь (из тюрко-угорских мифологических параллелей). *Мировоззрение финно-угорских народов*. Новосибирск

1991　Умай и Калташ, Урало-алтайская мифология. Новосибирск

1992　Алтай в зеркале мифа. Новосибирск

Серошевский В. Л.（セロシェフスキー・V・L）

1993 (1896)　*Якуты*. Москва

Соколова З. П.（ソコロヴァ・Z・P）

1980　« Имя и прозвище у обских угров » *Народы и языки Сибири*. Новосибирск.: 266-270

Формозов А. А.（フォルモゾフ・A・A）

1969 *Очерки по первобытному искусству (наскальные изображений и каменные изваяния эпохи камня и бронзы на территории СССР)*. Москва

Хомич Л. В.（ホミチ・L・V）

1976　« Представления ненцев о природе и человеке » в *Природа и человек в религиозных представлениях народов Сибири и Севера (вторая половина XIX-начало XX^{в}.)* Ленинград

Цинциус В. И.（ツィンツィウス・V・L）

1977　*Сравнительный словарь тунгусо-манчьжурских языков*. т. 1, 2, Л.

Севера (вторая половина XIX-начало XX^в.) Ленинград: 161-188
Киле Ж.（キレ・Zh）
2004　*Искусство нанайцев: вышивка орнамент трациции и новации.* Хабаровск
Крейнович Е. А.（クレイノヴィッチ・E・A）
1973　*Нивхгу-загадочные обитатели Сахалина и Амура*. Москва（邦訳 Е. А. クレイノヴィチ／枡本哲訳　1993『サハリン・アムール民族誌 ニヴフ族の生活と世界観』法政大学出版局）
2001　*Нивхгу*. Южно-Сахалинск（完全版）
Кызласов И. Л.（キズラソフ・I・L）
1998　Изображение тенгри и умай на сулекской писанице. *Этнографическое обозрение*. No. 4. 39-53
Ларичев В. Е.（ラリチェフ・V・E）
1990　*Прозрение-Рассказы археолога о первобытном искусстве и религиозных верованиях*. Москва
Лопатин И. А.（ロパーチン・I・A）
1922　*Гольды, Амурские, Уссурийские и Сунгарийские*. Владивосток
Lopatin I. A.（ロパーチン・I・A）
1960　The Cult of the Dead among the Natives of the Amur Basin. Mouton & CO.
Мельникова Т. В.（メリニコヴァ・T・V）
2005　*Традиционная одежда нанайцев*. Хабаровск
Михайлов М. Т.（ミハイロフ・M・T）
1976　Анимистические представления бурят. *Природа и человек в религиозных представлениях народов Сибири и Севера*. Ленинград: 292-319
МНМ (Токарев С. А.)（『世界神話』（トーカレフ・S・A 編）
1980, 1992　*Мифы народов мира* т. 1, т. 2, Новосибирск
Попов А. А.（ポポフ・A・A）
1976　« Душа и смерть по воззрениям нганасанов » в *Природа и человек в религиозных представлениях народов Сибири и Севера (вторая половина XIX-начало XX^в.)* Ленинград
1984　*Нганасаны-социальное устройство и верования*. Ленинград
Потапов Л. П.（ポターポフ・L・P）
1946　« Культ гор на Алтае ». *Советская Этнография*, No. 2: 145-160

1984　Культ богини Умай у хакасов. *Этнография народов Сибири.* Новосибирск.: 93-105

Василевич Г. М.（ヴァシレーヴィッチ・G・M）

1969　*Эвенки.* Москва

Вдовин И. С.（ヴドーヴィン・I・S）

1976　Природа и человек в религиозных представлениях чукчей. *Природа и человек в религиозных представлениях народов Сибири и Севера (вторая половина XIX-начало XX^в.)* Ленинград: 217-253

1981　Чукотские шаманы и их социальные функции. *Проблемы истории общественного сознания аборигенов Сибири.*: 178-217

Гаер Е. А.（ガーエル・E・A）

1983　Погребение ребенка у нанайцев. *Традиции и современность в культуре народов Дальнего Востока.* Владивосток.: 44-52

1989　Родильные обряды у нанайцев и ульчей. *Проблемы историко-культурных связей народов Дальнего Востока.* Владивосток: 87-95

1991　Традиционная бытовая обрядность нанайцев в конце 19-начале 20 в. Москва

Георги И. Г.（ゲオルギ・I・G）

1799　Описание всех обитающих в Российском государстве народов. 1-4. СПб.

Грачева Г. Н.（グラチョヴァ・G・N）

1976　Человек, смерть и земля мертвых у нганасан. *Природа и человек в религиозных представлениях народов Сибири и Севера.* Ленинград: 44-66

Гурвич И. С.（グールヴィッチ・I・S）

1977　Культура северных якутов-олневодов. Москва

Дьяконова В. П.（ヂヤコノヴァ・V・P）

1976　Религиозные представления алтайцев о природе и человеке. *Природа и человек в религиозных представлениях народов Сибири и Севера (вторая половина XIX-начало XX^в.)* Ленинград: 268-291

Иванов С. В.（イヴァノフ・S・V）

1955　*Материалы по изобразительному искусству народов Сибири XIX-начала XX^в.* М.-Л.

1976　Представления нанайцев о человеке и его жизненном цикле. *Природа и человек в религиозных представлениях народов Сибири и*

Tradition in Siberia. Indiana Univ. Bloomington: 459-478

Nowak & Durrant（ノヴァク・M、ドゥラン・S）

1977 *The Tale of the Nishan shamaness. A Manchu Folk Epic*. Univ. of Washington Press

Russian Museum of Ethnology（ロシア民族学博物館）

2006 Between Worlds: Shamanism of the peoples of Siberia from the Collection of the Russian Museum. Moscow.

Абрамзон С. М.（アブラムソン・S・M）

1971 *Киргизы и их этногенетические историко-культурные связи*. Ленинград

Алексеев Н. А.（アレクセエフ・N・A）

1984 *Шаманизм тюркоязычных народов Сибири*. Новосибирск

Алексеенко Е. А.（アレクセーエンコ・E・A）

1976 Представления кетов о мире. *Природа и человек в религиозных представ-лениях народов Сибири и Севера (вторая половина XIX-начало XX^{в}.)* Ленинград: 67-105

2001 Мифы предания сказки кетов. Москва

Анисимов А. Ф.（アニーシモフ・A・F）

1938 Родовое общество эвенков (тунгусов)

1958 *Религия эвенков в историко-генетическом изучении и проблемы происхождения первобытных верований*. М-Л

1959 Космогонические представления народов Севера (A. F. Anisimov "Cosmological consepts of the peoples of the North" (ed. Henry N. Mihael) *Studies in Siberian Shamanism*. Univ. Toronto. 1972: 157-229

Антропова В. В.（アントロポヴァ・V・V）

1976 Представления коряков о рождении, болезни и смерти. *Природа и человек в религиозных представлениях народов Сибири и Севера (вторая половина XIX-начало XX^{в}.)* Ленинград: 254-267

Березницкий С. В.（ベレズニスキー・S・V）

2003 *Этнические компоненты верований и ритуалов коренных народов Амуро-сахалинского региона*. Владивосток

БРЭ（『大ロシア百科事典』）

2004 *Большая Российская Энциклопедия Россия*. Москва

Бутанаев В. Я.（ブタナーエフ・V・Ia）

2001　「弥生の鳥竿信仰」（諏訪春雄編）『巨木と鳥竿』勉誠出版：75-110

欧文文献

Bachelor John（バチュラー・J）

1971　Ainu life and lore, choes of a departing race. Kyobunkwan, Tokyo (N. Y., London, Johnson Reprint Corporation) (Chapter XXIV The birth tree and customs at childbirth)

Bogoraz W.（ボゴラス・W）

1904-1909　*The Chukchee (The Jesup North Pacific Expedition)* vol. 7. Leiden-New York

César González Sainz, Roberto Cacho Toca, Takeo Fukuzawa（サインズ・C・G、トカ・R・C、フクザワ・T）

2004　Introduction to Paleolithic Cave Paintings in Northern Spain. Texnai

Clottes Jean and Lewis-Williams David（クロット・J、ルイス・ウィリアムズ・D）

1998　*The Shamans of Prehistory – Trance and Magic in the Painted Caves*. New York (translated from the French by Sophie Hewkes. Original 1996)

Dickson D. Bruce（ディクソン・D・B）

1990　*The Dawn of Belief – Religion in the Upper Paleolithic of Southwestern Europe*. University of Arizona PressTucson

Dioszegi V.（ディオセギ・V）

1968　The Three-Grade Amulets among the Nanai (Golds) in *Popular Beliefs and Folklore Tradition in Siberia*. Mouton. The Hague

Jochelson W.（ヨヘルソン・W）

1908　*The Koryak (The Jesup North Pacific Expedition)* vol. 6. Leiden-New York

Knecht Peter（クネヒト・P）

2012　Initiation rituals of Mongol shamans (Hulunbuir City, Inner Mongolia, China), *MongoloTibetica Pragensia'12, Ethnolinguistics, Sociolinguistics, Religion and Culture*, Vol. 5, No. 2: 73-92: (91-92)

Lorblanchet Michel（ロルブランシュ・M）

1995　*Les Grottes Ornees de la Prehistoire. Nouveaux regards*. Paris

Nahodil O.（ナホヂル・O）

1968　Mother Cult in Siberia. (V. Diószegi ed.) *Popular Beliefs and Folklore*

1988 『呪術・儀礼・俗信　ロシア・カルパチア地方のフォークロア』岩波書店
松本秀雄
1992 『日本人は何処から来たか――血液型遺伝子から解く』NHKブックス
三品彰英
1971 「朝鮮民俗学――学史と展望」『神話と文化史』(三品彰英論文集第3巻) 平凡社
ミハーリ・ホッパール（村井翔訳）
1998 『シャーマニズムの世界』青土社
孟慧英
2000 「中国通古斯人的烏麦神」First International Conference of Tungus Language and Culture Studies. 2000. 9. 10-12, Hailar
森一郎
1994 「『紫式部日記』と平安の暮らし」『NHK 国宝への旅』第16巻、日本放送協会
森本覚丹
1992（1983）『フィンランド国民的叙事詩　カレワラ（上）』講談社学術文庫
柳田國男
1973 「後狩詞記」『柳田國男集』第二七巻　筑摩書房
1976 『遠野物語・山の人生』岩波文庫
1978 「先祖の話」『新編　柳田國男集』第五巻　筑摩書房
1990 「石神問答」『柳田國男全集』15　ちくま文庫
1997 「遠野物語拾遺」『柳田國男全集』2　筑摩書房
依田千百子
2007a 『朝鮮の王権と神話伝承』勉誠出版
2007b 『朝鮮の祭儀と食文化』勉誠出版
米田穣
2013 「放射性炭素が書きかえる移動の歴史――ネアンデルタール人と現生人類の交替劇」（印東道子編）『人類の移動誌』臨川書店：295-307
ロット=ファルク E.（田中・糟谷・林訳）
1980 『シベリアの狩猟儀礼』弘文堂
渡辺誠

1943 『シベリア諸民族のシャーマン教』生活社
ネリー・ナウマン（檜枝陽一郎訳）
1997 『山の神』言叢社（Yama no Kami die-japanische Berggottheit. Asian Folklore Studies. Vol. XXⅡ-XXⅢ, 2（1963-64）
2005 『生の緒　縄文時代の物質・精神文化』言叢社（Nelly Naumann, Japanese Prehistory-The Material and Spiritual Culture of the Jōmon Period）
野村敬子
2017 「産屋の夜伽」『女性と昔話』（私家版）：272-277
野村伸一
1977 「山の神研究の現状」『季刊どるめん』第12号
萩谷朴
1989（1971）『紫式部日記全注釈上』角川書店
萩原秀三郎
1995 「立竿祭祀と柱をめぐる芸能」『日中文化研究』第8号（東アジアの祭りと芸能――日本芸能の源流）勉誠出版
1998 「銅鐸とシャーマニズム的世界観――東アジアの祭りの中で」『東アジアの神と祭り』雄山閣
2001 『神樹　東アジアの柱立て』小学館
2001 「中国大陸の柱と鳥」（諏訪春雄編）『巨木と鳥竿』勉誠出版：21-44
林俊雄
2005 『ユーラシアの石人』雄山閣
ピウスツキ・ブロニスワフ
2018（1910）「サハリン島の原住民における分娩・妊娠・流産・双子・畸形・不妊・多産」（高倉浩樹監修・井上紘一編訳・解説）『ブロニスワフ・ピウスツキのサハリン民族誌――二十世紀初め前後のエンチウ、ニブフ、ウイルタ』東北アジア研究アイヌ民族文化研究センター叢書　第63号、東北大学東北アジア研究センター
藤本強
1995 「先史美術と中南米美術」『世界美術大全集　1』小学館
藤村久和
1982 『アイヌの霊の世界』小学館
1985 『アイヌ、神々と生きる人々』福武書店
ボガトゥイリョーフ P. G.（千野栄一・松田州二訳）

泉社
佐々木利和
2004 『アイヌ絵誌の研究』草風館
2020 「アイヌ絵の世界十選（三）」『日本経済新聞』4月
佐藤宏之
2000 『北方狩猟民の民族考古学』北海道出版企画センター
坂井弘紀
2011 『ウラル・バトゥル――バシュコルト英雄叙事詩』平凡社
2014 「中央ユーラシアの母神ウマイ」『CES』第16号：13-30
鈴木正崇
2015 『山岳信仰――日本文化の根底を探る』中公新書
諏訪春雄（編）
2001 『巨木と鳥竿』勉誠出版
瀬川清子
1972 『アイヌの婚姻』未来社
高倉浩樹
2012 『酷寒のシベリアに生きる――トナカイと氷と先住民』新泉社
多田一臣（編）
2014 『万葉語誌』筑摩選書
田中二郎
1978 『砂漠の狩人――人類始源の姿を求めて』中公新書
2020 『ブッシュマンの民話』京都大学学術出版会
谷川健一
2004「山の神の原像――海の神との関連において」赤坂憲雄（編）『東北学』10：76-86
知里真志保
1973 「樺太アイヌの説話㈠」『知里真志保著作集　第1巻』平凡社
1975 「分類アイヌ語辞典　人間編」『知里真志保著作集　別巻Ⅱ』平凡社
知里幸恵
2001（1978）『アイヌ神謡集』岩波文庫
永山ゆかり・吉田睦（編）
2018 『アジアとしてのシベリア――ロシアの中のシベリア先住民世界』勉誠出版
ニオラッツェ・G（牧野弘一訳）

ぐる」（高倉浩樹・山口未花子編）『食と儀礼をめぐる地球の旅——先住民文化からみたシベリアとアメリカ』東北大学出版会：I -32
岸上伸啓
1996 「カナダ・イヌイットの名前、名前の霊魂と社会変化」『北海道教育大学紀要（第一部 B）』第46巻第2号
木村英明
1997 『シベリアの旧石器文化』北海道大学図書刊行会
1998 「マンモスハンティング　シベリアと北海道の旧石器文化」『科学』（岩波書店）vol. 68 No. 4：363-370
木村重信
1966 『カラハリ砂漠』講談社
1971 『美術の始原』新潮社
1982 『ヴィーナス以前』中央公論社
金田一京助
1993 『金田一京助全集　十一（アイヌ文学V）』三省堂
金成マツ筆録・金田一京助
1959-1975 『アイヌ叙事詩　ユーカラ集』I～IX、三省堂
久保寺逸彦
1977 『アイヌ叙事詩　神謡・聖伝の研究』岩波書店
2001 「北海道アイヌの葬制——沙流アイヌを中心として」『アイヌ民族の宗教と儀礼　久保寺逸彦著作集1』草風館
2020 『アイヌ語・日本語辞典稿』（久保寺逸彦著作集④）草風館
倉野憲司・武田祐吉（校注）
1958（1993）『古事記・祝詞』岩波書店
小長谷有紀（編）
1991 『北アジアにおける人と動物のあいだ』東方書店
崔吉城
2001 「韓国の柱と鳥」（諏訪春雄編）『巨木と鳥竿』勉誠出版：45-64
斎野裕彦
1998 「二万年前の氷河期世界を保存する　仙台市富沢遺跡保存館」『科学』（岩波書店）vol. 68 No. 4, 275-276
佐々木高明
1997 『日本文化の多重構造——アジア的視野から日本文化を再考する』小学館
2006 『山の神と日本人——山の神信仰から探る日本の基層文化』洋

2011d 「乙女と水の主――水神への犠牲」(篠田知和基編)『神話・象徴・図像Ｉ』楽瑯書院：147-156
2012 「何が罰せられるのか――北アジアの神話世界から」(篠田知和基編『罪と贖罪の神話学』楽瑯書院：111-128
2013 「霊魂を運ぶ鳥――ラスコー洞窟絵画と倭建命のあいだ」(篠田知和基編)『異界と常世』楽瑯書院：215-228
2013 「ユーラシア口承文芸の二つの様態」(CES) 第15号：1-10
2014 「求婚難題・婚姻闘争・雌雄選択」(CES) 第16号：1-12
2014 「叙事詩のなかの鉄文化」(篠田知和基編)『神話のシルクロード』楽瑯書院：323-342
2014 「極東のイラン文化に関して――ソグドのこと・井本英一先生からのお手紙」(篠田知和基編)『神話・象徴・儀礼』：191-202
2016 「シベリアからみる極東・朝鮮・日本――鳥竿と鳥の表象について」(崔仁鶴・石井正己編)『国境を越える民俗学――日韓の対話によるアカデミズムの再構築』三弥井書店：200-216
2016 「アルタイの山岳崇拝と母性――その始原をたどる」『民族藝術』vol. 321：156-162
2018 「世界樹・生命の樹・シャマンの樹」(山口博監修　正道寺康子編)『ユーラシアのなかの宇宙樹・生命の樹の文化史』勉誠出版：62-75
2019 「英雄叙事詩における霊魂――モンゴル英雄叙事詩「ゲセル・ハーン物語」について」CES 20号：5-14
荻原眞子・福田晃（編著）
2018 『アイヌからユーラシアへ　英雄叙事詩』三弥井書店
海部陽介
2005 『人類のたどってきた道――“文化の多様化”の起源を探る』NHK ブックス
2019 『日本人はどこから来たのか？』文春文庫
2020 『サピエンス日本上陸　3万年前の大航海』講談社
加藤博文
2008 『シベリアを旅した人類』(ユーラシアブックレット) 東洋書店
2012 「人類史から見たバイカルシベリアと日本列島」(吉田邦夫編)『アルケオメトリア―　考古遺物と美術工芸品を科学の眼で透かし見る』東京大学総合研究博物館』：59−70
2014 「狩猟対象から儀礼対象へ――シベリアに食と儀礼の起源をさ

ター：49-72
1994c 「トゥングース語系諸族の英雄叙事詩――いわゆる北方トゥングースとアムールトゥングースの比較に向けて」『北方針葉樹林帯に人と文化』（第8回北方民族文化シンポジウム報告書）北海道立北方民族博物館
1994d 「人と動物の婚姻譚――サハリン・アイヌの説話から」『日中文化研究 第6号――古代伝承と考古学』勉誠出版
1995 『東北アジアの神話・伝説』東方書店
1995 「〈人と動物の婚姻譚〉の背景と変容」（松原孝俊・松村一男編）『比較神話学の展望』青土社
1996 『北方諸民族の世界観――アイヌとアムール・サハリン地域の神話・伝承』草風館
1997 「（資料）エヴェンキの英雄説話の2つのテキスト」『北海道立北方民族博物館研究紀要』第6号：125-146
2001a 「鳥と霊魂――シベリアの生と死の民族誌から」『Science of Humanity Bensei（人文学と情報処理）』vol. 35　勉誠出版：23-36
2001b 「（覚え書き）子供を守る女神 Sagdi mama――ウデゲの昔語りから」『千葉大学ユーラシア言語文化論集』（CES）第4号：95-102
2002a 「（資料）ナーナイの口承文芸『ニングマン』から」（CES）第5号：144-153
2002b 「シベリアにおける狩猟儀礼と動物供犠・序論」（小長谷有紀編）『北アジアにおける人と動物の間』東方書店：75-102
2004 「山の神と産の女神」『東北学』vol. 10　東北文化研究センター：87-94
2008 「『シャマンの神話』――トゥングース的な一説話について」（CES）第10号：11-20
2010 「狩人と女神――伝承のなかの自然界の主」（篠田知和基編）『愛の神話学』楽瑯書院：395-407
2011a 「フィンランド叙事詩『カレワラ』を読む――文学作品としての叙事詩」第13号：21-38
2011b 「英雄は幼な子――英雄叙事詩における神話について」『説話・伝承学』第19号：1-20
2011c 「ユーラシアのウマイ女神―後期旧石器時代の洞窟絵画によせて」（吉田敦彦・松村一男編著）『アジア女神大全』青土社：571-591

2号：1-12
1995 「日本の神話伝説における北方的要素」『北海道立北方民族博物館研究紀要』第4号：1-14
1996 「アイヌの霊魂観とツングースの霊魂観」『北海道立北方民族博物館研究紀要』第5号：1-4
1997 「北方のお産の女神」『北の人　文化と宗教』第一書房：83-92
大藤ゆき
1968（1996）『児やらい　産育の民俗』岩崎美術社（民俗民芸双書）
岡田宏明
1979 『文化と環境　エスキモーとインディアン』北海道大学図書刊行会
小川勝
2003 「フゴッペ洞窟　岩面刻画の総合的研究」中公美術出版
2018 「木村重信の洞窟壁画論——呪術説をめぐって」『民族芸術』Vol. 34：28-32
荻原眞子
1978 「アムール下流域の〈クイ〉に由来する氏族について」『フォークロア』3号　ジャパンパブリシャーズ
1982 「シベリアにおける仮面と狩猟儀礼」『史苑』42-1・2
1984 「巫謡およびシャマンの伝承について」『東京商科大学論叢（教養学部編）』30号
1985 「エヴェンキ族の創世神話」『ユリイカ』1号　青土社
1986 「北方における兄妹始祖神話」1, 2『東京国際大学論叢（教養学部編）』33, 34号
1989 「民族と文化の系譜」（三上次男・神田信夫編）『東北アジアの民族と歴史』（民族の世界史3）山川出版：53-109
1989 「ニブヒ族の英雄説話」（北方言語文化研究会編）『民族接触』六興出版
1990 「鉄人とシャマン」『民族文化の世界』（上）小学館：584-607
1992 「チュクチのシャマニズム——北東シベリアの民族文化の一特質」（岡田宏明・淳子編）『北の人類学』アカデミア出版会
1994a 「メルゲンとプジの物語——ナーナイの英雄叙事詩」『口承文芸研究』第17号
1994b 「オイナの神話——〈巫者〉論に寄せて」『アイヌ語の集い—知里真志保を継ぐ』北方言語研究者協議会編　北海道出版企画セン

参考文献

和文文献

赤坂憲雄（編）

2004 「山の神とはだれか」『東北学10』東北文化研究センター

秋葉隆

1980a（1954）『朝鮮民俗誌』（復刻版）名著出版

1980b（1950）『朝鮮巫俗の現地研究』（復刻版）名著出版

安蒜正雄・勅使河原彰 2011

2011 『日本列島石器時代史への挑戦』新日本出版社

飯島吉晴

1995 「子供の発見と児童遊戯の世界」『日本民俗文化大系10』小学館：221-320

井口樹生

1977 「日本人の命名の思想」『月刊言語』1977 Vol. 6 No. 1 大修館書店

池田亀鑑・秋山虔（校注）

1976 『紫式部日記』岩波文庫

池谷和信・長谷川政美（編）

2005 『日本の狩猟採集文化 野性生物とともに生きる』世界思想社

稲田孝司

1998 「絶滅動物と日本列島の旧石器人」『科学』（岩波書店）vol. 68 No. 4：345-352

印東道子（編）

2013 『人類の移動誌』臨川書店

ウノ・ハルヴァ（田中克彦訳）

1971 『シャマニズム アルタイ系諸民族の世界像』三省堂

エリアーデ M.（大室幹雄訳）

1970 『鍛冶師と錬金術師』（エリアーデ著作集第5巻）せりか書房

大林太良

1997（1965）『葬制の起源』中公文庫（角川新書）

1991 『北方の民族と文化』山川出版社

1993 「アイヌの霊魂の観念」『北海道立北方民族博物館研究紀要』第

図表一覧

図1　雪原をトナカイ橇で行く …………………………………………… 3
図2　シベリアの民族分布の概略 ……………………………………18-9
図3　トナカイの移動……………………………………………………21
図4　ゲオルギの著書にある千島アイヌ………………………………25
図5　魚皮衣 ……………………………………………………………35
図6　エヴェンキシャマンによる死者他界送りの図 …………………62-3
図7　ナーナイの花嫁衣装………………………………………………65
図8　物怪を憑坐に移す祈禱 ……………………………………………84
図9　韓国のチャンスンとソッテ ……………………………………… 105
図10　エヴェンキ（オロチョン）のシャマンの護符、ワシ………… 109
図11　エヴェンキのフクロウ ………………………………………… 109
図12　エヴェンキのシャマンの衣裳………………………………… 110
図13　エヴェンキのシャマンの太鼓の内側 ………………………… 110
図14　ネネツシャマンの橇 …………………………………………… 111
図15　アルタイシャマンの聖所……………………………………… 111
図16　ラスコーの壁画、雄牛と鳥人？　左下は鳥竿か？…………… 113
図17　ウズベキスタン、ザラウト・カマル洞窟の壁画 ……………… 114
図18　奈良県橿原市四条遺跡出土の鳥形木製品 …………………… 117
図19　奈良県橿原市四条遺跡の鳥形埴輪を据えた古墳復元図……… 118
図20　東シベリア、エヴェンキシャマンの保助霊 …………………… 118
図21　チト・バスティリョの女陰図（右）とロック・オ・ソルシエの
女陰のレリーフ（左）………………………………………………… 145
図22　南ヨーロッパの洞窟遺跡の分布……………………………… 146
図23　スペインのカヴァラナス洞窟とその壁画 …………………… 146
図24　内モンゴル・シリンゴルの洞窟崇拝 ………………………… 149
図25　子どもの守護神・ウマイ　……………………………………… 151
図26　アイヌ絵（山の神）…………………………………………… 169
図27　シベリアからサハリン、北海道にいたる旧石器時代の遺跡 … 192
図28　現生人類の拡散 ……………………………………………… 194
図29　3万8000年前頃の日本列島への可能な渡来ルート ………… 199
表1　シベリアの北方少数民族　分布と人口 ……………………… 29-30
表2　シベリア原住民族の言語……………………………………… 31-2

ハ 行

バイカル湖　28-29, 31, 33, 197
ハカス共和国　129
バハ河　153, 159
ハバロフスク　23, 216
東サヤン山脈　130
ビスケー湾　187
日向林 B 遺跡　200
ピレネー山脈　113, 187
ペテルブルグ　108, 214, 217
ベーラヤ河　195
ベーリング海峡　24
ベーリンジア　201, 203
ベルーハ　131
ポズボンカヤ遺跡　197
北海道　6, 102, 191-2, 198, 200-2, 213-4, 216
本郷　211

マ 行

マリタ遺跡　195-6, 202-3
満州　211
港川遺跡　200
南フランス　113, 187
武蔵台遺跡　200
ムラッサ山　136
モスクワ　1, 211-3, 215

ヤ 行

ヤクーチア北方　186
ヤナ河　193
山田遺跡　200
ユジュノ・サハリンスク　216
米ケ森遺跡　200

ラ 行

ラスコー洞窟　5, 112, 116
リヨン　190
レナ河　17, 20, 29, 33, 128, 131
レニングラード　214
レベジ河　133
ロック・オ・ソルシエ　145

カンタブリア山脈　187
カンタブリア地方　187
関東　172-3
冠遺跡　200
ケリム山脈　136
黄河　197
香坂山遺跡　218
黒竜江　20
コンドン村　87

サ　行

相模原　213
サキタリ洞遺跡　200
佐久市　218
サハリン　5, 26, 30-3, 35, 46, 55, 73-6, 89, 95, 179, 191-2, 198, 212, 214, 216
サヤン　131
サヤン山脈　5-6, 20, 29, 33, 36, 68, 88, 127-8, 130, 132, 147, 149, 158, 183, 195, 204, 207
ザラウト・カマル洞窟　114
三角山　202
サンクトペテルブルグ　108
椎葉村　168, 170, 181
四条遺跡　117-8
シシリムカ川（沙流川）　50-1
士幌町　202
嶋木　202
ショーベ洞窟　189-90
白滝遺跡　200
水洞溝遺跡　197
スカンディナビア半島　20
鈴木遺跡　200
スレク岸壁画　163
スンガリー河（松花江）　97
清河寺前原遺跡　200
青函トンネル　176

タ　行

大興安嶺　164
タイムィル半島　44, 47, 70
高岡村　173
チト・バスティリョ　145, 187-8
チト・バスティリョ洞窟　145, 188
チベット　128, 149, 177
中国東北部　6, 20, 31, 97, 107, 158, 165, 184, 202, 207
中部インド　168
チュコト半島　30, 32-3, 59
朝鮮半島　106, 197-8, 201-2, 218
通遼市　148
対馬　198, 201
デニソワ洞窟　192, 196
天山山脈　206
トゥバ共和国　129
東北　124, 173, 176
遠野　167, 172-3, 205
十勝　202
富沢遺跡保存館　200
豊成叶林遺跡　200
豊原　216
ドルドーニュ渓谷　189
ドルドーニュ地方　112
トルボール4遺跡　197

ナ　行

仲町遺跡　201
日本海　17, 201
日本列島　7, 17, 20, 59, 73, 167-8, 181, 198-204, 207, 210, 218
寧夏回族自治区　197
ネニャ河　161
野尻湖立が鼻遺跡　200

主要地名索引

「はじめに」から「注」に登場する主要な地名を拾い、五十音順に配列した。本索引の対象とした地名は、主としてユーラシア大陸、及びその近傍に所在する、一部の国、地域、都市、自治体、海洋、河川、山脈（山岳）、砂漠、島嶼、半島、遺蹟、洞窟等の名称に限定した。

なお、「ユーラシア」「アジア」「ヨーロッパ」といった大陸名、「ロシア」や「中国（中華人民共和国）」といった国名、「シベリア」といった本書の過半に登場する広域的な地名は全て本索引の対象外とした。

A-Z

Conquer　189

ア 行

アストリアス地方　145
アバカン河　131
アムール河（黒龍江）　5, 20, 28, 30-1, 36, 48, 67, 73, 76, 87, 93, 97, 192, 209-10, 212
アムール・サハリン地域　31-3, 35, 46
アムールランド　5-7, 30-1, 64, 66, 73, 77, 87, 92, 95-7, 116, 148, 158, 160, 164-5, 184, 202
アルタイ共和国　128-9
アルタイ・サヤン　131, 163
アルタイ・サヤン山脈　5-6, 20, 33, 36, 68, 88, 127-8, 130, 132, 147, 149, 183-4, 194, 204, 207
アルタイ山脈　129-31, 184
アルタイ地域　197
アンガラ河　192, 195
伊豆諸島　33
岩宿遺跡　200
ヴァシュガン河　72, 159
ヴェゼール渓谷　112
ウスリー（烏蘇里）河　97
内モンゴル　6, 106, 147-9, 160, 164-5, 184, 186, 190, 202-3, 207, 209
ウラジオストク　24, 216
ウラル山脈　17, 20, 22, 126, 222
越後　172
エニセイ河　1, 17, 20, 29, 32-3, 36, 61, 128, 131, 192-4
奥羽　172
沖縄　33, 198, 200
奥能登　124
オクラードニコフ洞窟　192, 196
オビ河　17, 20, 29, 32-3, 36, 71, 128, 131, 153, 161, 165
オホーツク海　20
オムスク　215
恩原1・2遺跡　200

カ 行

カヴァラナス洞窟　145, 190
橿原市　117-8
カトゥニ河　129, 161
カフカス（コーカサス）　31, 211
カムチャトカ　24-5
カムチャトカ半島　23, 25, 30, 32-3, 60, 95
カーメンカA遺跡　197
カラ・タグ　136-7, 142, 183
カラハリ砂漠　127
カルパチア地方　77

ソヨート　101

タ　行

タヤシ氏族　133
チェルカン　129, 131, 133, 135-7
チュヴァン　30, 32
チュクチ　30, 32, 35, 47-8, 59-60
ツングース　101
テレウト　69, 129, 149, 152
テレス　129
テレンギット　129
トゥバ　28-9, 31, 69, 128-9, 149
　西トゥバ　129-30
　東トゥバ（トジ）　130
トゥバラル　129, 131, 134, 137, 142
ドルガン　28-9, 31, 44, 101

ナ　行

ナーナイ　30-1, 46, 48, 60, 64-6, 68, 87, 93-7, 99, 101, 184, 209-10
ニヴフ（旧称ギリヤーク）　26, 30, 32, 35, 76, 89, 95, 179, 223
ネギダル　30-1
ネネツ　29, 31, 43-4, 111, 116, 119

ハ　行

ハカス　29, 31, 69, 128, 131, 135, 142, 149-50, 153-4, 158-63, 182
ハンティ　29, 31, 72, 88, 153-4, 156, 158-60, 163-5
ブリヤト　28-9
ベルチル　135
ホジェン（赫哲族）　31, 97
ホロンバイル　164

マ　行

マンシ　29, 31, 88, 150, 153-4, 156, 158, 163-5
満族　97, 99
モンゴル人　164

ヤ　行

ヤクート　69, 101, 149, 185, 206, 223
ユカギル　30, 32, 101
ユーラク　101

主要民族名索引

「はじめに」から「注」に登場する民族名を拾い、五十音順に配列した。ただし、対象とした民族名は、本書で論究対象とされている民族（ethnic group）に限定した。一部を除き「ロシア人」や「日本人」等の主として nationality（国籍）を表している名称は対象から除外した。

ア 行

アイヌ　25-6, 30, 32, 35, 48, 50-2, 54-5, 57, 59, 70, 74, 102, 139, 169-70, 174, 178-9, 212-4, 216-7, 224
　千島アイヌ　25
　北海道アイヌ　102

アルタイ　5-6, 29, 31, 33, 36, 68-9, 88, 111, 116, 119, 123, 127-31, 133-4, 137-42, 149, 172, 180-4, 192, 196-7, 204, 206, 210, 223
　固有アルタイ（アルタイ・キジ）129
アレウト　30, 32, 35
イテリメン　30, 32, 49
イヌイット　89
ウイルタ　30-1, 95
ウゴール　157
ウズベク　152, 205-6, 209
ウデゲ　30-1, 60, 64, 66, 97, 99, 184, 209
ウリチ　30-1, 35, 60, 64, 66-8, 99, 184, 210
エヴェン　29, 31
エヴェンキ　29, 31, 36, 44, 60-3, 66, 95, 109-10, 117-8, 158, 160, 164, 179, 184
エスキモー　30, 32, 35, 49
エネツ　29, 31
オグーズ　152
オスチャク　106
オビ　157-8
オボ　106
オロチ　30-1
オロチョン　101

カ 行

カザフ　152, 183, 209
カチン　129
ガナサン　29, 31, 44-5, 47-8, 70
カラガッス　101
キジル　129
ギリヤーク　101
キルギス　152, 205-6, 209
クマンヂン　129, 131, 135-7, 150-1, 163, 205
ケート　1, 29, 32, 44, 71-2, 92, 159
ケレーキ　30, 32
コイバル　129
コサック　22-3
コリャク　28, 30, 32, 35, 47-9, 60, 95

サ 行

サガイ　129
サハ　28-9, 31, 88, 115, 149, 180, 185
サハリンアイヌ　55
サモイェド　101
ジプシー　78
ショル　29, 31, 128-9, 132, 136-7, 142, 149-50, 183
セリクプ　29, 72

ラ 行

ラドロフ，V. V.　206
ルイス=ウィリアムス，D.／Lewis-Williams　113, 146, 221, 223
レーヴィン　212
レーニン，V. I.　212
レールモントフ，M.　211
ロパーチン，I. A.／Лопатин　225-6
ロルブランシュ，M.／Lorblanchet　145

シュレンク，L.　32
白鳥庫吉　169
スモリャク，A. V. ／Смоляк　225
スラビタ，A.　78
諏訪春雄　224
関根正直　225
セロシェフスキー，V. L. ／Серошевский　185, 221
ソコロヴァ，Z. P. ／Соколова　225

タ 行

タクサミ，Ch.　214
多田一臣　55, 226
田中二郎　127
谷川健一　173, 205, 221
田村すず子　212
崔吉城　107, 224
チヤコノヴァ，V. P. ／Дьяконова　225
知里真志保　55, 102, 224, 226
知里幸恵　221, 226
ディクソン，D. B. ／Dicson　223
デュラント，S. ／Durrant　224
徳川家光（竹千代）　87

ナ 行

ナウマン，N.　56, 124-6, 174, 200, 221, 223, 226
中川裕　213
ニオラッツェ，G.　100, 224
ノヴァク，M. ／Nowak　224
野村敬子　74, 86, 225

ハ 行

萩谷朴　80, 225
萩原秀三郎　164, 222
バチュラー，J. ／Bachelor　224
ピウスツキ，B. O.　26, 74, 213, 225
ピョートル一世　24
フォルモゾフ，A. A. ／Формозов　114
プーシキン，A. C.　211
ブドーヴィン，I. S. ／Вдовин　226
藤原彰子（中宮）　80-2
藤原道長　80, 82, 85
ブタナーエフ，V. Ia. ／Бутанаев　153, 161, 222
古原敏弘　35
プロコーフィエヴァ，E. D. ／Прокофьева　225
プロコーフィエフ，G. N.　43
ベーリング，V.　24-5, 32, 203
ボガトゥイリョーフ，P. G.　77-8, 225
ボゴラス，W. ／Bogoraz　226
ポターポフ，L. P. ／Потапов　129-33, 137-8, 222-3, 225
ポポフ，A. A. ／Попов　225-6
ホミチ，L. V. ／Хомич　226

マ 行

源義経（牛若丸）　87
宮田登　174
村上島之允（貞助）　170
紫式部　4, 80, 82, 85, 225
森一郎　84, 225
森本覚丹　221

ヤ 行

柳田国男　7, 124, 167-70, 172, 175-6, 205, 221-3
山中笑　169
依田千百子　105-6, 224
米田穣　221
ヨヘルソン，W. ／Jochelson　226

人名索引

「はじめに」から「注」に登場する全ての人物名を拾い、五十音順に配列した。また、外国人等の名前は、カタカナに置き換え、五十音順に配列している。その際、ファーストネーム等はアルファベットの頭文字のみの表記とし、キリル文字のアルファベットはローマ字のそれに置き換えた。

ア 行

赤坂憲雄　223
秋葉隆　104-6, 224
アニーシモフ, A. F. ／Анисимов　61, 63, 225
アブラムゾン, S. M. ／Абрамзон　152, 206-7, 220, 222-3
アレクセーエンコ, E. A. ／Алексеенко　1, 71, 225-6
イヴァノフ, S. V. ／Иванов　224-6
井口樹生　87, 89, 225
和泉式部（御許丸）　87
一条天皇　80, 82, 85
稲田孝司　220, 247
井本英一　222
ヴァシーレヴィッチ, G. M. ／Василевич　60, 226
大林太良　100-1, 217, 224
大藤ゆき　79, 225
岡田嘉子　212

カ 行

海部陽介　197, 199, 201, 220-1
ガーエル, E. A. ／Гаер　93-4, 224
加藤清正（虎之助）　87
カラペートヴァ, I.　215
金成まつ　56
岸上伸啓　225
キズラソフ, I. L. ／Кызласов　222
喜田貞吉　169
木村英明　191, 193, 195, 201, 220-1
金田一京助　56
国武貞克　218
クネヒト, P. ／Knecht　164, 222
久保寺逸彦　102, 224, 226
クライナー, J.　213
クラシェニンニコフ, S.　25
グラチョヴァ, G. N. ／Грачева　70, 225
グルースマン　217
クレイノヴィッチ, E. A. ／Крейнович　76, 225
クロット, J. ／Clottes　113, 146, 221, 223
ゲオルギ, I. G. ／Георги　25

後一条天皇（敦成親王）　80, 85
ゴルバチョヴァ, V.　215
ゴンザレス・セインツ, C. ／González Sainz　221

サ 行

坂井弘紀　151, 221-3
サガラエフ, A. M. ／Сагалаев　153, 182, 221-3
佐々木喜善　169
佐々木高明　168, 175-6, 221-2
佐々木利和　169, 215, 221
サランゴア　148-9, 223
志部昭平　213
シュテルンベルグ, L.　26

著者紹介

荻原眞子（おぎはら・しんこ）

1942 年　中国山西省太原生まれ。

上智大学外国語学部ロシア語学科、東京大学教養学科文化人類学、同大学院社会学研究科文化人類学修士課程で学ぶ。1976 年同博士課程単位取得退学。1990 年学術博士。1976-1991 年国際商科大学（1980 年東京国際大学）、1991-1993 年湘南国際女子短期大学、1993-2008 年千葉大学文学部。千葉大学名誉教授。

著書に『東北アジアの神話・伝説』（1995、東方書店）、『北方諸民族の世界観――アイヌとアムール・サハリン地域の神話・伝承』（1996）『ロシア科学アカデミー人類学民族学博物館所蔵アイヌ資料目録』（1997）『ロシア民族学博物館所蔵アイヌ資料目録』（2007、以上いずれも草風館）。

共編著に『民族文化の世界 上下』（1990、小学館）、『海外アイヌ・コレクション総目録』（2001-2003 年度文部科学省科学研究費・研究報告書、2004、南山大学人類学研究所）、福田晃との共編著に『アイヌ・日本からユーラシアへ　英雄叙事詩』（2018、三弥井書店）他がある。


いのちの原点《げんてん》「ウマイ」――シベリア狩猟民文化《しゅりょうみんぶんか》の生命観《せいめいかん》

2021年 6月30日　初版第 1 刷発行©

著　者　荻　原　眞　子
発行者　藤　原　良　雄
発行所　株式会社　藤　原　書　店

〒 162-0041　東京都新宿区早稲田鶴巻町 523
電　話　03（5272）0301
ＦＡＸ　03（5272）0450
振　替　00160 - 4 - 17013
info@fujiwara-shoten.co.jp

印刷・製本　中央精版印刷

落丁本・乱丁本はお取替えいたします
定価はカバーに表示してあります

Printed in Japan
ISBN978-4-86578-318-6

Ⅵ 生きる　17歳の生命誌　解説＝伊東豊雄

「生きること」を中心にする社会をめざして、17歳とともに考える。

月報＝関野吉晴／黒川創／塚谷裕一／津田一郎

360頁　**2800円**　◇978-4-86578-269-1（第5回配本／2020年4月）

Ⅶ 生る　宮沢賢治で生命誌を読む　解説＝田中優子

「生る」——生命は、自らが自らを創出する。宮沢賢治の作品とのつながり。

Ⅷ かなでる　生命誌研究館とは　［附］年譜、著作一覧　解説＝永田和宏

「研究所」でなく「研究館」とした著者が実現した、科学のコンサートホール。

＊白抜き数字は既刊

〝生命知〟の探究者の全貌

いのち愛づる生命誌《バイオヒストリー》

（38億年から学ぶ新しい知の探究）

中村桂子

DNA研究が進展した七〇年代、人間を含む生命を総合的に問う「生命科学」出発に関わった中村桂子は、DNAの総体「ゲノム」から、歴史の中で生きものを捉える「生命誌」を創出。「科学」を美しく表現する思想を「生命誌研究館」として実現。

四六並製　三〇四頁　**カラー口絵八頁　二六〇〇円**

（二〇一七年九月刊）◇978-4-86578-141-0

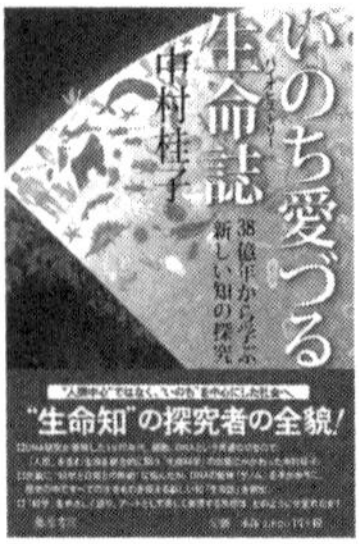

38億年の生命の歴史がミュージカルに

いのち愛《め》づる姫

（ものみな一つの細胞から）

中村桂子・山崎陽子作
堀文子画

全ての生き物をゲノムから読み解く「生命誌」を提唱した生物学者、中村桂子。ピアノ一台で夢の舞台を演出する〝朗読ミュージカル〟を創りあげた童話作家、山崎陽子。いのちの気配を写し続けてきた画家、堀文子。各分野で第一線の三人が描きだす、いのちのハーモニー。

B5変上製　八〇頁　**カラー六四頁　一八〇〇円**

（二〇〇七年四月刊）◇978-4-89434-565-2

「生物物理」第一人者のエッセンス！

「生きものらしさ」をもとめて

大沢文夫

「段階はあっても、断絶はない」。単細胞生物ゾウリムシにも〝自発性〟はある。では〝心〟はどうか？　ゾウリムシを観察すると、外からの刺激によらず方向転換したり、〝仲間〟が多いか少ないかで行動は変わる。機械とは違う、「生きている」という「状態」とは何か？　「生きものらしさ」の出発点〝自発性〟への問いから、「生きもの」の本質にやわらかく迫る。

四六変上製　一九二頁　**一八〇〇円**

（二〇一七年四月刊）◇978-4-86578-117-5

生きている をやさしく語りかける、中村桂子の世界

中村桂子コレクション（全8巻）
いのち愛づる生命誌《バイオヒストリー》

編集協力＝柏原怜子・甲野郁代・柏原瑞可

＊各巻に、著者はじめに、口絵、解説、月報付

＊四六変上製　各巻予280～360頁　**予各2200円～**

（1936－）

《本コレクションの特徴》

◎単行本未収録の論考、随筆などを集成するほか、多くの書き下ろしで構成した。

◎著者の執筆活動の全体像とその展開を、わかりやすく示す。

◎各巻のテーマにふさわしい解説を附し、著者の仕事を、来たるべき読者に向けて新鮮な視点から紹介する。

■本書を推す■　加古里子（絵本作家）　髙村薫（作家）　舘野泉（ピアニスト）　松居直（児童文学者）　養老孟司（解剖学者）

Ⅰ ひらく　**生命科学から生命誌へ**　解説＝鷲谷いづみ

生命科学におさまらない“生きる”思想“生命誌”は、21世紀の新しい知である。

月報＝末盛千枝子／藤森照信／毛利衛／梶田真章

288頁　**2600円**　◇978-4-86578-226-4（第2回配本／2019年6月）

Ⅱ つながる　**生命誌の世界**　解説＝村上陽一郎

生命の起源から未来に向かって、人間を含むすべての生きものがつながる。

月報＝新宮晋／山崎陽子／岩田誠／内藤いづみ

352頁　**2900円**　◇978-4-86578-255-4（第4回配本／2020年1月）

Ⅲ かわる　**生命誌からみた人間社会**　解説＝鷲田清一

人間は「生きもの」というあたり前のことを基本にする社会に向かって。

月報＝稲本正／大原謙一郎／鶴岡真弓／土井善晴

312頁　**2800円**　◇978-4-86578-280-6（第6回配本／2020年9月）

Ⅳ はぐくむ　**生命誌と子どもたち**　解説＝髙村　薫

「子どもを考えることは未来を考えること」。啓蒙・教育でなく子どもと向き合う。

月報＝米本昌平／樺山紘一／玄侑宗久／上田美佐子

296頁　**2800円**　◇978-4-86578-245-5（第3回配本／2019年10月）

Ⅴ あそぶ　**12歳の生命誌**　解説＝養老孟司

いのちって？「38億年前に地球に生まれた祖先から生まれた、みんな仲間」。

月報＝赤坂憲雄／大石芳野／川田順造／西垣通

296頁　**2200円**　◇978-4-86578-197-7（第1回配本／2019年1月）

「母親」「父親」って何

母親の役割という罠

（新しい母親、新しい父親に向けて）

F・コント
井上湊妻子訳

女性たちへのインタビューを長年積み重ねてきた著者が、フロイト／ラカンの図式的解釈による「母親＝悪役」イメージを脱し、女性も男性も子も真の幸せを得られるような、新しい「母親」「父親」の創造を提唱する、女性・男性とも必読の一冊。

四六上製　三七六頁　三八〇〇円
（一九九九年一一月刊）
◇978-4-89434-156-2

JOCASTE DÉLIVRÉE　Francine COMTE

愛は悲劇を超えられるか？

なぜ男は女を怖れるのか

（ラシーヌ『フェードル』の罪の検証）

A・リピエッツ
千石玲子訳

愛は悲劇を超えられるか？　ラシーヌ悲劇の主人公フェードルは、なぜ罪を負わされたのか。女性の欲望への恐怖とその抑圧という西洋文明の根源を鮮やかに解き明かし、そこからの〝解放〟の可能性を問いかける。

四六上製　二九六頁　二八〇〇円
（二〇〇七年二月刊）
◇978-4-89434-559-1

PHÈDRE　Alain LIPIETZ

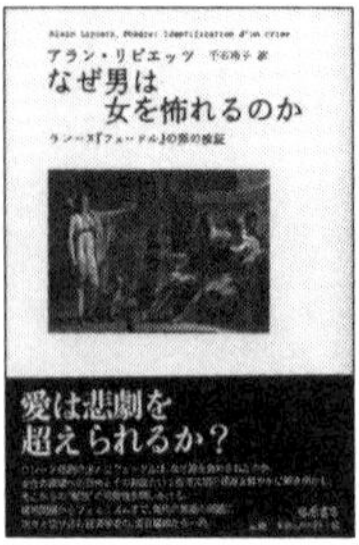

女のからだを考える

女が女になること

三砂ちづる

月経、妊娠、出産、子育て……女のからだの喜びが、いのちと社会を支える。「仕事と家事・育児の両立」が喧しいが、問題は両立や経済だけではなく、男に抱きとめられ、子どもを産み育て、性と生殖を担う女のからだの喜びが見失われていることではないか。喜びが見失われつつある女たちの家族への「祈り」と家での「働き」を、どうすれば今、肯定的に取り戻せるか？

四六上製　二五六頁　二二〇〇円
（二〇一五年八月刊）
◇978-4-86578-037-6

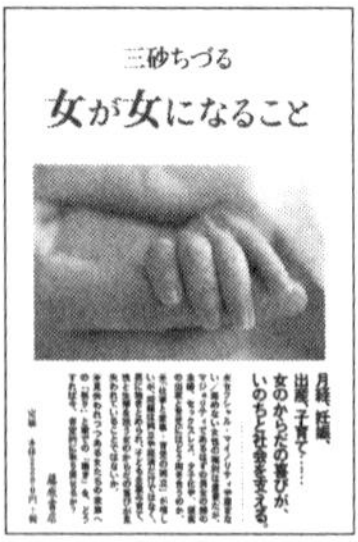

女性の力を見出した知られざる歴史家

メアリ・ビーアドと女性史

（日本女性の真力《まぢから》を発掘した米歴史家）

上村千賀子

男性に従属した存在としてではなく、歴史を主体的に創り出す「女性の力」を軸とする歴史観を樹立し、日本におけるＧＨＱの女性政策にも大きな影響を与えた女性史研究のパイオニア、決定版評伝。

四六上製　四一六頁　三六〇〇円　口絵八頁
（二〇一九年九月刊）
◇978-4-86578-241-7

「女と男の関係」で結ぶ日本史と西洋史

歴史の中のジェンダー

原始・古代から現代まで、女と男はどう生きてきたのか。「女と男の関係の歴史」の方法論と諸相を、歴史学のみならず民俗学・文学・社会学など多ジャンルの執筆陣が、西洋史と日本史を結んで縦横に描き尽す。

網野善彦／岡部伊都子／河野信子／A・コルバン／三枝和子／中村桂子／鶴見和子／G・デュビィ／宮田登ほか

四六上製　三六八頁　**二八〇〇円**
（二〇〇一年六月刊）
◇978-4-89434-235-4

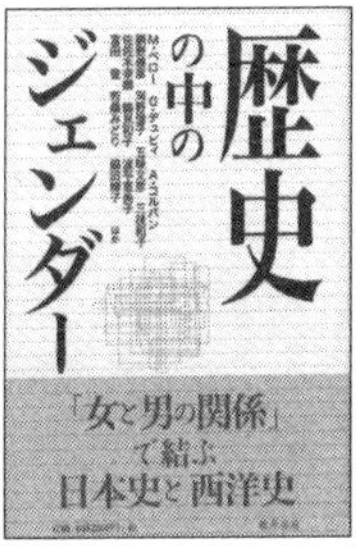

女性・近代・資本主義

歴史の沈黙（語られなかった女たちの記録）

M・ペロー
持田明子訳

「父マルクスを語るマルクスの娘たちの未刊の手紙」「手紙による新しいサンド像」ほか。フランスを代表する女性史家が三十年以上にわたり「アナール」やフーコーとリンクしつつ展開した新しい女性史の全体像と近代史像。

A５上製　五八四頁　**六八〇〇円**
（二〇〇三年七月刊）
◇978-4-89434-346-7

LES FEMMES OU LES SILENCES DE L'HISTOIRE　Michelle PERROT

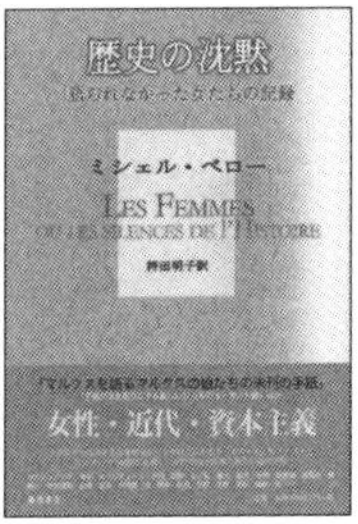

アナールの重鎮が「寝室」を描く初の歴史

寝室の歴史（夢／欲望と囚われ／死の空間）

M・ペロー
持田明子訳

心性（マンタリテ）、性関係（セクシュアリテ）、社会的人間関係（ソシアビリテ）等の概念を駆使し、王の寝室、個人の部屋、子ども部屋、婦人部屋、労働者の部屋、病室、死の床……様々な部屋／寝室に焦点を当てる。ヨーロッパ全域の広範な文学作品、絵画作品等を渉猟し、その変容をたどる画期作。

四六上製　五五二頁　**四二〇〇円**
（二〇二一年一月刊）
◇978-4-86578-282-0

HISTOIRE DE CHAMBRES　Michelle PERROT

〝小説を読む女性は堕落している〟とされていた

読書する女たち（十八世紀フランス文学から）

宇野木めぐみ

識字率が上昇した十八世紀フランスでは、「女性が読書する」習慣も根づきつつあった。しかし「男性の読書」とは異なり、「女性の読書」は感情的・官能的な夢想を恣にする「小説」の読書として、好ましからざるイメージが大きかった。『新エロイーズ』『マノン・レスコー』『危険な関係』…などから、「女子教育」黎明期の「女性読者」を軸に描きだす。

四六上製　三二〇頁　**二八〇〇円**
（二〇一七年一月刊）
◇978-4-86578-111-3

日本古代史の第一人者の最新随筆

歴史と人間の再発見

上田正昭

朝鮮半島、中国など東アジア全体の交流史の視点から、日本史を読み直す。平安期における漢文化、江戸期の朝鮮通信使などを例にとり、誤った〝鎖国〟史観に異議を唱え、文化の往来という視点から日本史をたどる。部落解放など人権問題にも早くから開かれた著者の視点が凝縮。

四六上製　二八八頁　二六〇〇円
（二〇〇九年九月刊）
◇978-4-89434-696-3

〝鎮守の森〟を捉え直す！

森と神と日本人

上田正昭

『古事記』に記された「共生」（＝「とも生き」「とも生み」）。日本の歴史と文化の基層につながって存続してきた「鎮守の森」は、聖なる場所でありながら人々の集まる場所であり、自然と神と人の接点として、〝人間と自然との共生〟を象徴してきた。日本古代史の碩学による、日本文化論の集大成！

四六上製　三一二頁　二八〇〇円
（二〇一三年八月刊）
◇978-4-89434-925-4

日本古代史の碩学が、東アジアの共生を唱える

「大和魂《やまとごころ》」の再発見
（日本と東アジアの共生）

上田正昭

「才《ざえ》を本《もと》としてこそ、大和魂の世に用ひらるる方も、強う侍らめ。」（『源氏物語』）。「大和魂」という用語は、私の調べたかぎりでは『源氏物語』が初見である。いうところの「大和魂」とは戦争中さかんに喧伝されたような日本精神などではない。「日本人の教養や判断力」を紫式部は「大和魂」とよんだのである。」（本文より）

四六上製　三六八頁　二八〇〇円
（二〇一四年二月刊）
◇978-4-89434-954-4

古代を総合的に捉える！

「古代学」とは何か
（展望と課題）

上田正昭

文字史料を批判的にも考察しつつ、遺跡や遺物、神話や民間伝承なども総合的に考察することで日本古代の実相を明らかにする〝古代学〟から、東アジア全体の中での日本古代史を描く。神道のありよう、「天皇」号の始まり、鎖国史観の是正、日本版中華思想の克服、沖縄のまつり……独特の着眼点を盛り込んだ、必携の「古代学」入門！

四六上製　三三六頁　三三〇〇円
（二〇一五年一月刊）
◇978-4-86578-008-6

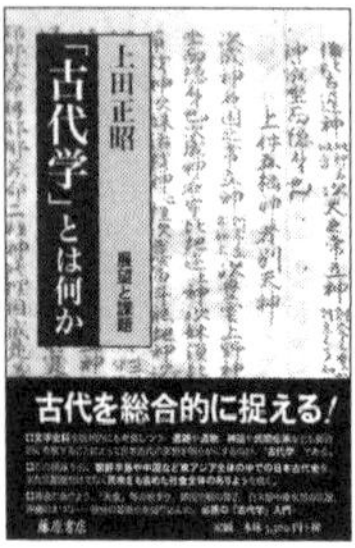

東西の歴史学の巨人との対話

民俗学と歴史学
〈網野善彦、アラン・コルバンとの対話〉

赤坂憲雄

歴史学の枠組みを常に問い直し、人々の生に迫ろうとしてきた網野善彦とコルバン。民俗学から「東北学」へと歩みを進めるなかで、一人ひとりの人間の実践と歴史との接点に眼を向けてきた著者と、東西の巨人との間に奇跡的に成立した、「歴史学」と「民俗学」の相互越境を目指す対話の記録。

四六上製　二四〇頁　**二八〇〇円**
（二〇〇七年一月刊）
◇978-4-89434-554-6

柳田国男は世界でどう受け止められているか

世界の中の柳田国男

R・A・モース＋赤坂憲雄編
菅原克也監訳　伊藤由紀・中井真木訳

歴史学・文学・思想など多様な切り口から柳田国男に迫った、海外における第一線の研究を精選。〈近代〉に直面した日本の社会変動をつぶさに書き留めた柳田の業績とその創始した民俗学の二十一世紀における意義を、世界の目を通してとらえ直す画期的論集。

A5上製　三三六頁　**四六〇〇円**
（二〇一二年一一月刊）
◇978-4-89434-882-0

「歴史学」が明かしえない、「記憶」の継承

歴史と記憶
〈場所・身体・時間〉

赤坂憲雄・玉野井麻利子・三砂ちづる

P・ノラ『記憶の場』等に発する「歴史／記憶」論争に対し、「記憶」の語り手／聞き手の奇跡的な関係性とその継承を担保する〝場〟に注目し、単なる国民史の補完とは対極にある「記憶」の独自なあり方を提示する野心作。民俗学、人類学、疫学という異分野の三者が一堂に会した画期的対話。

四六上製　二〇八頁　**二〇〇〇円**
（二〇〇八年四月刊）
◇978-4-89434-618-5

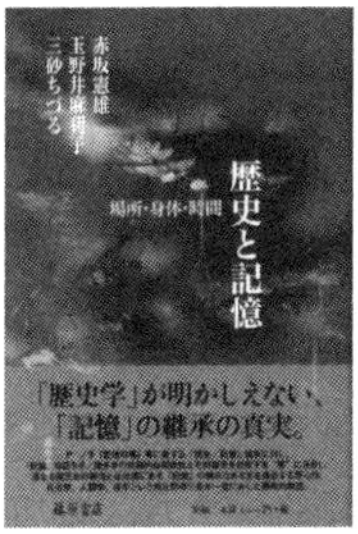

〈地方〉は記憶をいかに取り戻せるか？

幻の野蒜《のびる》築港
〈明治初頭、東北開発の夢〉

西脇千瀬

明治初期、宮城県・石巻湾岸の漁村、野蒜を湧かせた、国際貿易港計画とその挫折。忘却あるいは喪失された往時の実情を、新聞史料から丁寧に再構築し、開発と近代化の渦中を生きた人びとを活写、東日本大震災以降いっそう露わになった、〈地方〉の疲弊に対して、喪われた「土地の記憶」の回復がもたらす可能性を問う。

第7回「河上肇賞」本賞受賞

四六上製　二五六頁　**二八〇〇円**
（二〇一二年一一月刊）
◇978-4-89434-892-9

鉛筆画の世界を切り拓いた画家、初の自伝

いのちを刻む

〔鉛筆画の鬼才、木下晋自伝〕

木下晋　城島徹編著

人間存在の意味とは何か、私はなぜ生きるか。芸術とは何か。ハンセン病元患者、瞽女、パーキンソン病を患う我が妻……極限を超えた存在は、最も美しく、最も魂を打つ。彼らを描くモノクロームの鉛筆画の徹底したリアリズムから溢れ出す、人間への愛。極貧と放浪の少年時代から現在までを語り尽くす。

口絵一六頁

Ａ５上製　三〇四頁　二七〇〇円
（二〇一九年一一月刊）
◇978-4-86578-253-0

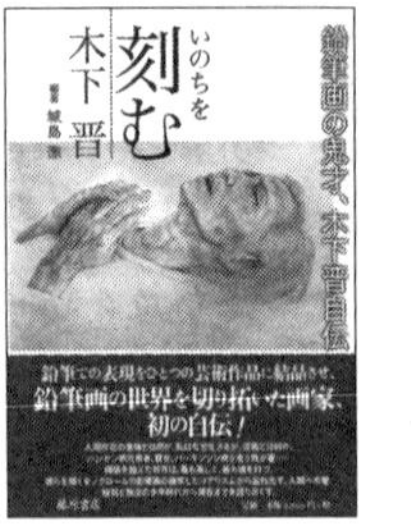

アイヌの精神を追い求めた女の一生

大地よ！

〔アイヌの母神、宇梶静江自伝〕

宇梶静江

六十三歳にして、アイヌの伝統的刺繍法から、〝古布絵《こふえ》〟による表現手法を見出し、遅咲きながら大輪の花を咲かせた著者が、苦節多き生涯を振り返り、追い求め続けてきた〝大地に生きる人間《アイヌ》の精神性〟を問うた、本格的自伝。

カラー口絵八頁
「宇梶静江の古布絵の世界」

四六上製　四四八頁　二七〇〇円
（二〇二〇年三月刊）
◇978-4-86578-261-5

アイヌ神謡の名作絵本、待望の復刊！

シマフクロウとサケ

〔アイヌのカムイユカㇻ（神謡）より〕

宇梶静江　古布絵制作・再話

守り神のシマフクロウは、炎のように輝く大きな金色の目で、思いあがる者を見つめ、海を干上がらせ、もといた山へ帰ってゆく――一針一針に思いをこめた古布絵（こふえ）とユカㇻが織りなすアイヌの精神世界。

オールカラー

＊映像作品（ＤＶＤ）につきましては、三二一頁をご覧ください。

Ａ４変上製　三二頁　一八〇〇円
（二〇二〇年一一月刊）
◇978-4-86578-292-9

かつて〝アイヌの新聞〟を自ら作ったアイヌ青年がいた

「アイヌ新聞」記者　高橋真

〔反骨孤高の新聞人〕

合田一道

警察官を志しながら、アイヌゆえにその道を閉ざされて新聞記者に転じ、戦後一九四六年、ついに自ら『アイヌ新聞』を創刊。アイヌ問題研究所を主宰し、わが民族の歴史と課題を痛切に訴える数々の評論を発表し続けた反骨のジャーナリスト、初の評伝！

四六上製　三〇四頁　二七〇〇円
（二〇二一年三月刊）
◇978-4-86578-306-3

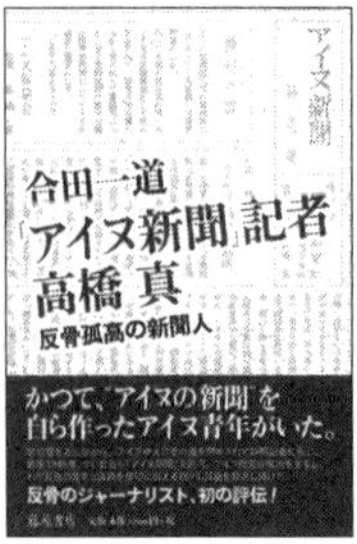